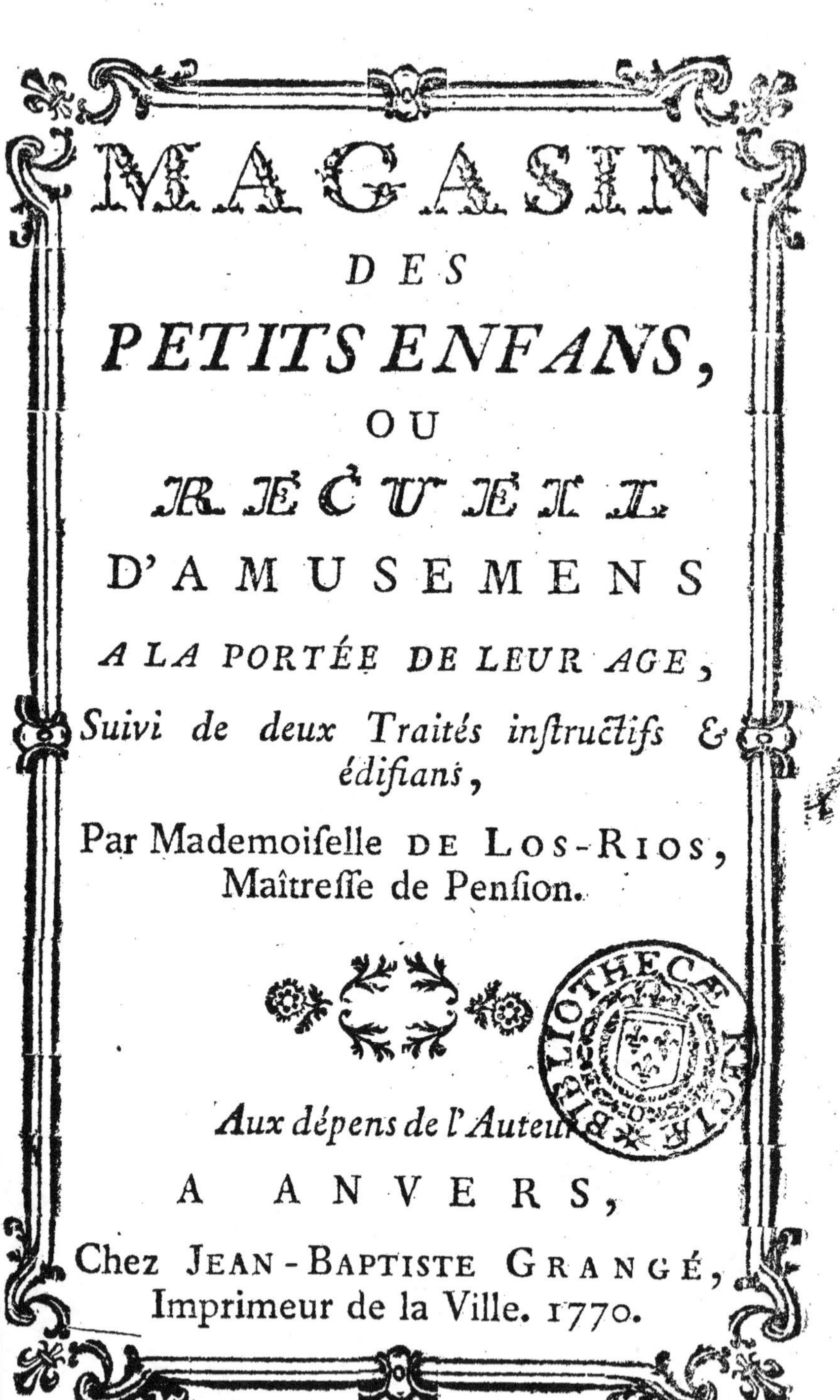

MAGASIN
DES
PETITS ENFANS,
OU
RECUEIL
D'AMUSEMENS
A LA PORTÉE DE LEUR AGE,
Suivi de deux Traités instructifs & édifians,
Par Mademoiselle DE LOS-RIOS,
Maîtresse de Pension.
Aux dépens de l'Auteur.
A ANVERS,
Chez JEAN-BAPTISTE GRANGÉ,
Imprimeur de la Ville. 1770.

A U X
E N F A N S
D E
M A   P E N S I O N.

JE me rappelle, MES CHERS ENFANS, vous avoir promis de mettre au jour mon petit Ouvrage, intitulé : Magasin des petits Enfans, dont je vous ai lu, pendant l'année derniere, quelques morceaux manuscrits.

J'espere, MES CHERS ÉLEVES, que cette lecture vous instruira en vous amusant; car je me fais un devoir de joindre l'utile à l'agréable dans les instructions que je vous donne, & je crois ne pouvoir mieux répondre à la confiance dont vos Parents m'honorent, & à la tendre amitié que j'ai pour vous.

ANGELIQUE DE LOS-RIOS.

MAGASIN
DES
PETITS ENFANS.

CHAPITRE PREMIER.

L'ENFANT RÉGALÉ.

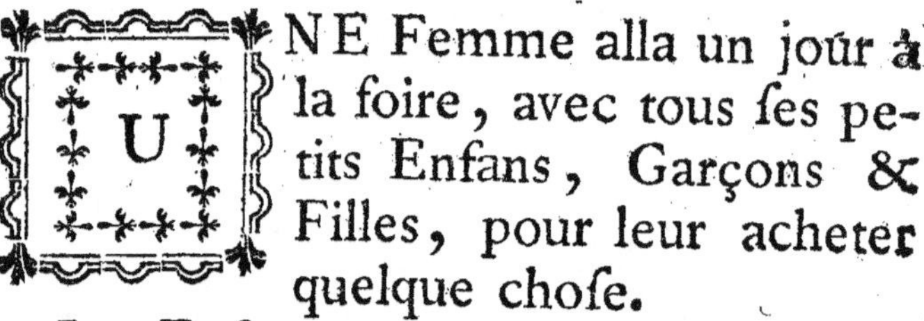

UNE Femme alla un jour à la foire, avec tous ses petits Enfans, Garçons & Filles, pour leur acheter quelque chose.

Les Enfans, en y appercevant quantité de jouets, de fruits & de biscuits, se mirent à crier : *ah ! chere Mere, achetez-nous tout cela.*

La Mere leur répondit : *je vous en*

A

acheterai ce qui vous eſt convenable ;
mais la plupart de ces Enfans, ne vou-
lant pas ſe contenter de cette promeſſe,
continuerent leurs cris, pour obtenir
le tout.

Un ſeul, plus ſage que les autres,
leur en fit des reproches, leur diſant :
*vous avez mérité par votre impatience
& par votre gourmandiſe, que notre
mere ne vous achete rien.*

La mere charmée de la ſageſſe de
cet Enfant, lui acheta d'abord quelques jouets & quelque peu de fruit.
Mais elle ne donna, à ce qu'on dit,
pour cette fois, rien aux autres, qui
s'étoient trop impatientés. L'auroient-
t-ils mérité ?

CHAPITRE II.

L'ENFANT IMPRUDENT.

UN Enfant s'étoit mis un ſoir à une
table avec ſon jouet, pour jouer.

Au lieu de s'occuper de ſon jou-

jou, il prit la chandelle & la tira çà &
là, tant que la chandelle lui tomba fur
la main & la brûla.

L'Enfant qui en fentoit de vives douleurs, fe mit à crier de toute fa force.
Un autre Enfant, plus âgé que celui-
ci, lui dit : *on vous a déjà tant de fois
averti de ne pas toucher à une chandelle
allumée, ni à autres chofes dangereu-
fes ; mais vous ne craignez pas le danger, avant que d'y être tombé. Apprenez que c'eft très-mal fait.*

Ce pauvre Enfant, qui s'en repen-
toit de tout fon cœur, promit de s'en
fouvenir toujours.

CHAPITRE III.

L'ENFANT CORRIGÉ.

PLUSIEURS Enfans affemblés fe ra-
contoient l'un à l'autre, comment ils
paffoient leur temps.

Quelques-uns d'entr'eux fe plai-
gnoient de ce qu'ils le paffoient fouvent

aſſez mal. Tantôt ils ſe trouvoient in-
diſpoſés ; tantôt ils s'étoient bleſſés,
où ils étoient tombés. Et ce qu'il y
avoit de plus fâcheux, c'eſt que les
coups ſuivoient de près leurs malheurs.

Un petit garçon prit alors la parole,
diſant : » Qu'il n'étoit pas étonnant,
» que de cette maniere ils paſſaſſent
» aſſez mal leur temps. Mais je m'é-
» tonne, pourſuivit-il, que vous vous
» plaigniez des choſes que vous vous
» attirez vous-mêmes. *Comment, vous-*
» *mêmes ?* repartirent ces Enfans. Rien
» n'eſt plus aiſé à comprendre, leur
» répondit le petit garçon, & je vais
» vous l'expliquer. Vous vous trouvez
» malades, quand vous mangez trop,
» ou quand vous mangez de ce qui
» vous eſt défendu. Vous vous bleſſez,
» lorſque vous vous ſaiſiſſez de quel-
» que couteau, ou de quelqu'autre inſ-
» trument dangereux. Et vous tombez
» ou en grimpant, ou en courant, ou
» en vous heurtant. Et ce qui vous pa-
» roît le plus fâcheux, c'eſt, ce qui
» vous peut arriver de plus avantageux ;
» ſavoir, que vous ſoyez châtiés à cauſe
» de tout cela. «

Les Enfans reconnurent bien, que ce jeune garçon avoit raison. Cependant ils lui demanderent, s'il ne tomboit jamais dans de pareilles fautes? Celui-ci répondit : » Qu'il avoit eu le malheur de les commettre autrefois, mais que la correction de son Père & de sa mere l'avoit rendu plus sage, & que par ce moyen il n'étoit plus exposé à de fâcheux accidens, ou privé du plaisir de passer son temps le plus agréablement du monde. »

CHAPITRE IV.

L'ENFANT OBÉISSANT.

UN Enfant, qui aimoit extrêmement les pommes, en trouva un jour à terre sous un pommier. Il les ramassa, je l'avoue, mais il n'osa pas en goûter, quoiqu'une servante, qui l'accompagnoit, lui en eût accordé la permission.

Il me faut, dit l'Enfant, premiérement avoir la permission de mon cher

Pere & de ma chere Mere, parce que je ne sais pas si ces pommes sont mûres ou non.

La Servante le rassura, & lui voulut même persuader d'en goûter. Croyez-vous donc, que ce soit bien fait, poursuivit l'Enfant, d'agir contre la défense de mes parens? J'aimerois mieux ne manger jamais de pommes, que de faire une si grande faute.

Le Pere de cet Enfant entra là-dessus dans le Jardin.

Le petit Garçon le voyant, alla d'abord au devant de lui, & lui demanda, s'il étoit permis de manger une de ces pommes qu'il avoit trouvé sous les arbres ? Le Pere lui dit : » non, mon » cher Enfant ; vous savez bien, qu'il » ne faut jamais manger du fruit qu'on » trouve par terre , parce qu'il peut » être infecté du venin de quelque in-» secte & vous causer une maladie, » ou la mort même. Mais pour ré-» compenser votre obéissance, je vais » vous faire donner sur le champ du » fruit cueilli à la main , duquel vous » pourrez manger en toute sûreté. »

L'Enfant fut très-satisfait de sa con-

duite, & reconnut la nécessité de suivre
constamment les conseils & les ordres
de ses parens.

CHAPITRE V.

L'ENFANT ATTENTIF,

aux devoirs envers ses Freres & Sœurs.

UN Enfant, qui désiroit d'être aimé
de ses Freres & Sœurs, aussi bien que
de ses Parens, & qui les aimoit tendrement de son côté, fut extrêmement
surpris, lorsqu'il apperçut de sa fenêtre
deux Freres dans la rue, qui se que-
relloient.

Son étonnement s'augmenta consi-
dérablement, lorsqu'il en apprit la raison.

C'étoit que l'un des deux avoit eu
pour son déjeûner une beurrée un peu
plus grande que l'autre.

Comment est-il possible, dit-il,
qu'il y ait des Freres ou des Sœurs,
dans le monde, qui portent l'envie au

A 4

point de se quereller pour si peu de chose ? Il faut que ces garçons soient bien méchans.

Son Frere aîné lui répondit : » Que » cela n'étoit pas étonnant, puisque » les Enfans de cet ordre , ne rece- » voient point d'éducation, & qu'on » avoit négligé de leur inspirer des » sentimens, & de leur inculquer de » bonne heure, que l'affection frater- » nelle est absolument nécessaire à des » Enfans bien nés , & qui ont les » moindres principes du Christianis- » me. »

» Ces Enfans sont extrêmement à » plaindre , répliqua le cadet, & nous » ne saurions assez reconnoître l'avan- » tage que nous avons au-dessus d'eux , » nous qui avons eu le bonheur de » naître de Peres & de Meres éclairés, » qui n'ont rien négligé , pour nous » apprendre notre devoir en de pareil- » les occasions. »

» Cela va bien, répartit le Frere » aîné , profitons des exhortations de » chers Parens, qui ne manqueront » jamais de nous instruire de nos de- » voirs, afin qu'avançant en âge , nous

» avancions en fageſſe , & que croiſ-
» ſant en ſtature, nous croiſſions auſſi
» en vertu & en intelligence. »

» C'eſt là tout l'objet de mes vœux,
» dit alors le cadet , & je n'aurai ja-
» mais rien plus à cœur , que de me
» rendre recommandable par ma di-
» ligence & par ma ſoumiſſion aux
» ordres des perſonnes, à qui j'ai tant
» d'obligations. »

CHAPITRE VI.

L'ENFANT MAL AVISÉ.

UN jour un Enfant ſe trouva au jardin ; un Cochon y entra en ſa préſence.

L'Enfant, qui s'en apperçut d'abord ,
courut au-devant de cette bête , pour
la chaſſer dehors. Le Pere, le voyant
par une fenêtre , lui ordonna de s'en
retourner & de ne pas ſe mêler de pareilles affaires. L'Enfant , qui croyoit
faire un bien , en chaſſant un ſi mau-

vais Jardinier, n'obéit pas à son Pere.
Il poursuivit son dessein, & par ce mo-
yen il fut exposé au malheur que son
Pere appréhendoit.

Il fut renversé par le Cochon, & reçut une contusion à la tête, pour prix
de sa désobéissance.

CHAPITRE VII.

L'ENFANT SANS JOUET.

L'ON ôta un jour à un Enfant tous
ses jouets. L'Enfant fit de grands yeux,
en se voyant privé tout d'un coup des
choses, qui lui procuroient tant de plaisir. Il répandit quelques larmes. Mais
on le consola bientôt de la maniere
suivante.

On lui demanda, pourquoi il avoit
été grondé un peu auparavant : *C'est*,
dit-il, *pour avoir fait trop de tintamarre
avec mon petit tambour.*

On lui demanda encore ; pourquoi
il avoit été châtié la veille ? Il se sou-

vint, que çavoit été pour être tombé
fur fon petit charriot.

On lui fit plufieurs autres demandes,
fur de femblables accidens, & on le fit
convenir, que la plûpart des petites dif-
graces qu'il s'étoit attirées, tiroient leur
origine du mauvais ufage de fes jouets,
avec lefquels il avoit tantôt incommodé
les autres, & s'étoit tantôt fait du mal
à lui-même.

Pour vous convaincre encore mieux,
ajouta fa Gouvernante, que c'eft par
pure affection, que l'on vous prive de
ces babioles, je m'en vais vous dire
quels autres plaifirs, plus réels, vous
font deftinés, dès-à-préfent.

» On vous prépare déjà un petit Jardin, dont vous ferez le maître. Vous y
aurez toute forte de belles fleurs, que
vous planterez & que vous pourrez
cueillir à votre gré ; vous ne manquerez pas de promenades, lorfque la
faifon le permettra. Vous aurez de la
mufique, vous donnerez & recevrez
des vifites, où vous verrez du beau
monde ; vous aurez de bons livres,
ornés de quantité de jolies figures,
dont vous paroiffez être grand amateur.

Enfin , pour vous contenter, on n'ou-
bliera rien de ce qui pourra tendre à
vous rendre heureux.»

On exécuta cette promesse , & l'Enfant oublia parfaitement les babioles
dont on l'avoit privé.

CHAPITRE VIII.

L'ENFANT VÉRIDIQUE.

L'On avoit entr'autres choses ordonné à un Enfant de ne jamais cacher
la vérité ; sur-tout quand il auroit le
malheur de se faire du mal.

Il arriva un jour à ce même Enfant
qu'il se blessa au bras , ayant voulu se
fourrer derriere des chaises, selon sa
mauvaise coutume. Il se souvint d'abord
de l'ordre de ses parens : quelques grandes que furent les douleurs qu'il sentit,
il s'en alla chercher sa Mere.

Ma chere Mere , lui dit-il, je viens
vous avouer une faute que j'ai com-
mise, & le malheur qui l'a suivie de

près. J'ai été désobéissant, m'étant caché
dérriere les chaises ; c'est ce que vous
m'aviez défendu plusieurs fois. En même temps je me suis blessé à ce bras-
ci. Je vous le montre par obéissance.
J'espere donc, que vous ne me châ-
tierez pas trop sévérement.

La Mere, attendrie par la soumis-
sion & par l'aveu sincere de son Enfant, le prit entre ses bras, &, au
au lieu de lui faire sentir la verge,
elle le baisa & le loua de ce qu'il avoit
reconnu sa faute, & même avoué le
mal qu'il s'étoit fait. Cependant elle ne
laissa pas de l'exhorter sérieusement à
prendre garde à l'avenir, de ne pas retomber dans la même faute & se causer de nouveau quelque mal.

L'Enfant, pénétré de la bonté de sa
Mere, le lui promit de bon cœur, &
l'on assure qu'il a tenu sa parole.

CHAPITRE IX.

L'ENFANT OPINIATRE.

NON, je ne le veux pas. Je n'en ferai rien. Abfolument, je ne le veux pas : dit un jour un Enfant, auquel les parens avoient ordonné quelque chofe.

Ce difcours fut entendu d'un homme de confidération, leur voifin.

Il entra tout étonné dans la maifon, qui retentiffoit de ces paroles, & demanda : qui étoit celui, qui ofoit parler de la forte ? Il y ajouta, que de tels difcours ne convencient nullement à des Enfans de bonne maifon. Il trouva, que c'étoit l'Enfant, dont il eft fait mention. A peine daigna-t-il le regarder, tant il le méprifa pour fon opiniâtreté.

Maintenant, dit-il, en retournant fur fes pas, toute la ville faura ce que je ne pouvois pas m'imaginer d'abord, que ce fût cet Enfant, dont j'avois jufqu'ici fi bonne opinion.

La chose devint publique , & l'Enfant fut méprisé de tous les honnêtes gens, qui en entendirent parler.

CHAPITRE X.

L'ENFANT ACCOMMODANT.

UN joli Enfant (c'étoit un petit garçon) qui aimoit extrêmement les bonnes Compagnies & la visite des étrangers , eut la permission de s'y présenter. On lui accordoit souvent cette grace pour prix de son attachement à obéir aux ordres de ses parens.

Un jour il y fut & y trouva beaucoup de plaisir.

Il fit , en entrant une belle révérence à toute la compagnie. Il baisa la main à tous les convives & en fut baisé à son tour. Il reçut des caresses de part & d'autre. Et comme il n'étoit point incommode , on lui permit de se divertir avec plusieurs pieces de son joujou. Il fut au comble de sa joie , lorsqu'il entendit une belle mufique , qu'il accompagna à fa maniere de fon petit violon. En un mot, il n'y eut forte de plaifir , qu'il ne crut goûter ; car même les Maffepains, ni les pommes ne manquoient pas.

Au milieu de tant de plaifirs, fon Pere voulut éprouver fa foumiffion, & lui ordonna, d'aller rejoindre fes autres Freres & Sœurs , qui étoient reftés dans leur chambre , il s'accommoda fur le champ aux ordres de fon Pere, & fortit de la compagnie avec autant de gaieté de cœur qu'il y étoit entré.

On ne put affez louer la fageffe de cet Enfant : & comme il n'avoit été que l'objet de l'amour de ceux qui le virent en entrant, il devint celui de leur admiration , en faifant fes petits adieux.

On demanda tout de fuite , fi les autres Enfans , qui n'étoient pas venus avec lui, étoient mécontens de ce que celui-ci avoit été tíré tout feul de leur compagnie , tandis qu'ils avoient été obligés de refter chez eux, & que leur petit Frere avoit eu tant de plaifir.

On fut obligé de leur rendre juftice,

&

& d'assurer la compagnie qu'ils ne penfoient pas à cela ; & que leur réfignation étoit toute auffi grande, que la docilité du Frere, qui les avoit rejoints.

Voilà qui eft charmant, dit quelqu'un, fi ces enfans continuent de la forte, ils ne pourront jamais manquer d'être heureux.

CHAPITRE XI.

L'ENFANT TOUCHÉ DU PARDON
de quelque faute.

UN Enfant, qui avoit manqué de prévoyance, caffa un verre, & juftement un verre favori.

L'Enfant s'en affligea infiniment. Il déplora le chagrin, qu'il alloit caufer par cet accident à fon cher Pere : *Que ferai-je, dit-il en foi - même, pour réparer ma faute ?*

Le Pere, qui l'avoit appris & qui s'étoit même apperçu de la douleur de d'Enfant, entra fur ces entrefaites, dans la chambre des Enfans.

B

Il l'embrassa au lieu de le gronder, & lui dit : *ne vous mettez pas en peine, mon cher Fils, d'un verre que vous avez cassé. J'en ferai acheter un autre.*

L'Enfant resta d'abord un peu interdit. Après quelque moment, il reprit la parole, & dit, la larme à l'œil & la douleur dans l'ame : *Quelle indulgence paternelle ! J'avois mérité une réprimande, & vous me faites grace, même avant que je vous l'aie demandé. Cette bonté,* continua-t-il, *m'obligera doublement à me tenir sur mes gardes, pour ne rien commettre à l'avenir, qui puisse vous causer le moindre déplaisir.*

CHAPITRE XII.

L'ENFANT DOUBLE.

L'AUTRE jour mon voisin me parla d'un enfant absolument digne de mépris.

Cet Enfant étoit doux, modéré, humble, obéissant, sage ; enfin le meilleur enfant du monde, tant qu'il étoit en la préfence de fes Parens ou de fon Gouverneur. Mais dès qu'il fe trouvoit feul, ou qu'il croyoit ne pas être obfervé, il étoit tout autre, & l'on peut dire, qu'il commettoit toute forte de méchancetés.

Quand on le foupçonnoit de quelque chofe & qu'on l'examinoit fur fes démarches, il employoit tout fon efprit, pour fe tirer d'affaire par des fubterfuges qui bleffoient ordinairement la vérité.

Il trompa de cette maniere affez long-temps ceux auxquels il étoit refponfable de fes actions.

Mais comme ceux qui s'appliquent à tromper les autres, font ordinairement attrapés, lorfqu'ils y penfent le moins, il en arriva de même à ce petit hypocrite.

On découvrit fes tours malins, qu'il avoit fu défendre avec tant d'effronterie.

On crut qu'on le pourroit encore ramener à force de châtimens, que l'on multiplia tous les jours ; mais cela fut tout-à-fait inutile.

B 2

Les vices s'étoient tellement enracinés dans son cœur, qu'il resta incorrigible, & qu'il fut ensuite plus malheureux, qu'il n'est ici besoin de le dire.

CHAPITRE XII.

L'ENFANT CHARITABLE.

UN Enfant rencontra un jour, en se promenant, un pauvre garçon, qui marchoit avec des béquilles.

L'Enfant, ému de ce triste spectacle, lui demanda à qui il appartenoit? Le Garçon lui répondit, qu'il n'apparnoit à personne, puisque ses Parens étoint morts depuis long-temps.

L'Enfant lui demanda encore d'où il tiroit sa subsistance? Le pauvre garçon lui dit, que c'étoit uniquement de Dieu, qui lui procuroit la nourriture, en touchant le cœur des personnes charitables pour lui donner l'aumône.

Ces paroles , jointes à la misérable figure du pauvre , attendrirent tellement l'ame de l'Enfant, qu'il lui donna non - seulement d'abord quelques pieces d'argent , mais qu'il lui ordonna encore de le suivre chez ses parens , où il lui procura auprès de sa mere , une aumône réguliere par semaine.

Cette charité , peu commune à un Enfant , tira les larmes des yeux du pauvre Garçon , & fut approuvée de tous ceux qui en entendirent parler.

La Mere commença à augurer que la belle ame de son Enfant lui attireroit infailliblement un bonheur distingué.

Aussi sait-on de bonne part , que cet Enfant là , devenu grand & trèshabile , a été élevé au rang d'un des premiers Ministres d'un Roi qui se plaisoit à récompenser le mérite & la vertu.

CHAPITRE XIV.

L'ENFANT POLTRON.

LE Ramoneur vint un jour dans une maiſon pour ramoner les cheminées.

Un Enfant qui l'apperçut, s'imagina que c'étoit le Diable, dont les Domeſtiques lui avoient parlé quelquefois, malgré toutes les défenſes, qu'on leur avoit faites.

Il s'effraya terriblement ; & ne ſachant à quoi s'en tenir, il courut dans la cuiſine pour s'y cacher.

Le Ramoneur y entra auſſi. L'effroi de cet Enfant redoubla. Il en ſortit au plutôt & reprit le chemin de ſa chambre, où il ſe cacha derriere le fourneau.

Cependant il fut ſaiſi d'une nouvelle frayeur, lorſqu'il entendit le Ramoneur au four, tout proche de lui. Il échappa par l'autre porte : & ne ſe croyant pas en ſureté dans toute la

Maison , il se réfugia au Jardin.

Après y être arrivé, il apperçut encore cet homme au haut de la cheminée , le visage plus noir qu'auparavant : alors il cria comme un perdu & appella du monde à son secours contre l'affreuse figure qui venoit de reparoître.

Le Pere entendit ce fracas, & étant accouru pour voir ce que c'étoit : Qu'y a-t-il là ? dit ce Pere.

Hélas ! mon Pere , répondit l'Enfant ; voyez quelle figure ! en lui montrant le Ramoneur.

C'est le Ramoneur, répondit froidedement le Pere.

Pardonnez-moi , mon Pere , interrompit l'Enfant ; c'est toute autre chose, & c'est certainement le Diable , ennemi des Enfans, qui est entré chez nous.

» Monsieur, poursuivit le Pere, vous
» voyez à cette heure, ce que c'est ,
» que de se mêler avec les domesti-
» ques. J'ai voulu vous rendre hardi ,
» en vous disant , il y a long-temps
» que tout ce que ces gens-là ont cou-
» tume de raconter du Diable & de
» pareilles choses , ne sont que des

» fadaiſes. Maintenant que vous avez
» agi contre mes ordres , vous avez
» ce que vous avez mérité. J'ai honte
» de vous trouver un petit poltron ,
» vous qui deviez penſer conformé-
» ment aux inſtructions & aux exem-
» ples que je vous ai donnés juſqu'ici.
» Je ſuis très-diſpoſé à vous faire ſen-
» tir, que les Enfans ont toute autre
» choſe à craindre, que les ridicules
» fantômes, dont la populace s'entre-
» tient. Et la poltronnerie doit être
» ſur - tout ſévérement punie en vous.
» Je vous pardonne ſimplement à cauſe
» de votre tendre jeuneſſe : mais ſi
» jamais il vous arrive de retomber
» dans une pareille faute , vous n'au-
» rez plus de pardon à eſpérer. »

L'Enfant reprit courage, & depuis
ce temps-là il a abſolument renoncé à
la poltronnerie.

CHAPITRE

CHAPITRE XV.

L'ENFANT SOUMIS.

ON donna un jour une pomme à un Enfant qu'on aimoit. On lui en donna une autre le lendemain, & même encore le troisieme jour.

L'Enfant accoutumé par-là à recevoir des pommes tous les jours, en voulut avoir encore une le quatrieme.

Mais on lui répondit, en la lui refusant : » Ce que nous avons fait jus-
» qu'ici n'étoit que pour éprouver si
» vous vous feriez contenté de ce que
» nous avons fait de pure grace, peut-
» être vous en auroit-on encore don-
» né plusieurs fois. Mais comme vous
» vous êtes avisé d'en faire une espece
» de loi, vous n'en aurez plus, pour
» vous apprendre que ce n'est point
» votre bon plaisir, mais le nôtre qui
» décide. »

L'Enfant goûta cette correction, il ne redemanda plus des pommes, &

C

par ce moyen il participa de nouveau avec le temps, à l'avantage dont il paroiſſoit devoir être fruſtré pour jamais.

CHAPITRE XVI.

L'ENFANT RÉSISTANT AUX SÉDUCTIONS des Domeſtiques.

UN Enfant prit un jour une chandelle, & ſe divertit à jouer avec une ſi dangereuſe piece. Le Pere le voyant lui défendit de continuer, s'il ne vouloit faire quelque malheur & ſe brûler lui-même. Au lieu de ſe ſouvenir de cet ordre, l'Enfant reprit ce jeu périlleux, auſſitôt qu'il en eut l'occaſion. Il fut bien attrapé. Il ſe brûla & ne put éviter le châtiment dont il avoit été menacé.

Sur cela l'Enfant ſe raviſa & ſe propoſa d'être plus exact à ſuivre la regle, qu'on lui avoit preſcrite.

Il tint parole, & malgré les inſtances d'une Servante , qui lui apporta une chandelle & lui voulut infinuer , qu'il n'étoit pas néceffaire de fe régler fi précifément fur ce qu'on lui avoit ordonné , il fut affez fage , pour ne pas fe laiffer féduire.

Il comprit qu'il étoit plus utile de fuivre les ordres de fes Parens que les avis des Domeftiques.

CHAPITRE XVII.

L'ENFANT PROPRE.

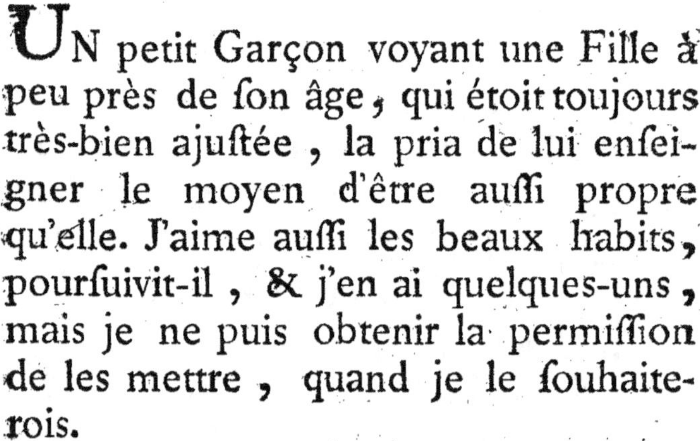

UN petit Garçon voyant une Fille à peu près de fon âge , qui étoit toujours très-bien ajuftée , la pria de lui enfeigner le moyen d'être auffi propre qu'elle. J'aime auffi les beaux habits , pourfuivit-il , & j'en ai quelques-uns , mais je ne puis obtenir la permiffion de les mettre , quand je le fouhaiterois.

La Fille lui répondit , que fon ajuftement ne confiftoit pas en beaux habits , puifqu'il n'en falloit pas néceffairement pour des Enfans de fon âge. Le Garçon l'interrompit, en difant : qu'il croyoit pourtant, qu'on lui donnoit affez fouvent des habits neufs, puifqu'il n'y trouvoit jamais ni taches, ni déchirures. C'eft toute autre chofe, reprit la fille : je n'ai garde de falir, ni de déchirer mes habits, quelques vieux qu'ils foient ; fachant bien qu'ils ne m'orneroient plus, fi je n'avois foin de les conferver. Le Garçon ne pouvant comprendre la poffibilité d'éviter ces défauts, répondit, que ces accidens lui arrivoient prefque à tout moment, qu'il feroit pourtant bien aife de favoir le moyen de s'en garantir:

Sur cela la fille le contenta, en lui difant, que premiérement elle fe lavoit toujours les mains avant que de s'habiller, qu'après s'être ajuftée, elle prenoit bien garde de ne pas toucher des chofes fales, ni de fe mettre en des endroits, où l'on pût fe falir. Que quand elle étoit à table, elle prenoit la même précaution, pour ne pas répandre ou de la foupe, ou de la graiffe, ou d'autres chofes fur fes habits, & que de cette maniere elle conſervoit ſes habits toujours propres.

Le Garçon trouva ceci très - bon à pratiquer , & ſe propoſa d'imiter cette aimable Fille. Il ne s'en repentit pas : ſa propreté lui valut beaucoup d'habits neufs.

CHAPITRE XVIII.

L'ENFANT INSATIABLE.

UN jour un Enfant pria ſon Pere de lui donner des ceriſes. Le Pere lui en donna une poignée : l'Enfant en demanda encore , le Pere lui en donna une ſeconde poignée : l'Enfant en voulut avoir une troiſieme ; mais le Pere lui remontra que c'en étoit aſſez pour cette fois , ſur cela l'Enfant ſe mit à pleurer.

Le Pere , voyant que l'Enfant étoit indiſcret , lui prit les ceriſes qu'il lui avoit données , & lui fit ſentir la verge par deſſus le marché , pour le faire repentir de ſa gourmandiſe.

CHAPITRE XIX.

L'ENFANT MATINEUX.

IL y avoit un Enfant qui favoit im-
manquablement fa leçon , lorfqu'il étoit
examiné par fon Précepteur. Cet Enfant étoit outre cela toujours alerte &
de bonne humeur.

Un autre Enfant , fon Compagnon ,
en fut furpris & en demanda la raifon à fes parens ; ils s'en informerent,
& trouverent que cet Enfant s'étoit accoutumé à fe lever de bon matin , à
fe faire habiller vîtement & à commencer d'abord fa tâche.

Son exemple anima l'autre Enfant.
Il voulut être tout auffi matineux , pour
paffer tout auffi agréablement le refte
du jour , & pria fa Mere de lui dire
comment il devoit s'y prendre , puifqu'il trouvoit beaucoup de difficulté à
quitter le lit au moment qu'on venoit
l'éveiller.

La Mere lui répondit : que pour se lever de bonne heure , il n'avoit qu'à se coucher de bonne heure , & que de cette maniere il surmonteroit toutes les difficultés.

L'Enfant ne se laissa pas rebuter par la répugnance , qu'il avoit eu jusques-là de se coucher & de se lever au temps marqué par ses parens. Il fit ce qu'on lui avoit conseillé , & augmenta par cette conduite les moyens de se divertir après s'être acquitté de bonne grace de son devoir.

CHAPITRE XX.

L'ENFANT INUTILEMENT ARTIFICIEUX.

ON avoit rigoureusement défendu à un Enfant de ne jamais s'emparer d'aucune chose dont il pût être blessé , parce qu'on chérissoit extrêmement cet Enfant ; & c'étoit principalement à cause de cela , qu'on avoit fait cette rigoureuse défense.

C 4

Malgré tout cela cet Enfant ne put résister à la tentation de prendre un grand couteau dans la main, que la négligence d'un domestique avoit laissé dans un coin.

L'Enfant fut attrapé par sa Gouvernante sur ce fait. D'abord il lui voulut faire accroire que ce n'étoit pas par désobéissance qu'il avoit pris ce couteau, & pour cet effet lui adressa sur le champ la parole & lui dit ; *Voyez, Mademoiselle, quel dangereux instrument !* Mais la Gouvernante qui connut sa ruse, lui dit, amiablement : me voulez-vous encore prendre pour dupe en me parlant de la sorte ? Vous n'aviez pas bien fait de violer mes ordres. Maintenant vous joignez l'artifice à votre désobéissance. N'y retournez jamais plus : vous vous déshonoreriez par un tel procédé.

Il vaut·beaucoup mieux, que vous ne cherchiez pas à vous déguiser, que de tomber par-là en deux fautes, au lieu d'une seule.

CHAPITRE XXI.

L'ENFANT SOBRE.

UN Enfant fut extrêmement furpris lorfqu'on lui fit préfent de plufieurs confitures.

» Je n'ai encore jamais vu, ni pof-
» fédé, tant de belles chofes à la
» fois, s'écria-t-il. Voyez, voyez, mon
» cher Pere, quelles richeffes pour
» moi ! On m'a donné tout cela pour
» récompenfer ma diligence. »

Le Pere demanda à l'Enfant s'il ne croyoit pas que ce fût trop pour lui ! Pardonnez-moi, mon cher Pere, ré-pondit - il ; » fi je n'en mange qu'un
» petit morceau par jour, ou autant
» que vous me permettrez d'en man-
» ger, ce ne fera pas trop ; & pour vous
» convaincre, mon cher Pere, pour-
» fuivit-il, que peu de chofe fuffit pour
» me contenter, je vous prie de vous
» charger de tout ceci, & de ne m'en

» donner qu'autant que vous jugerez
» convenable & je ferai satisfait. »

Cette modération plut infiniment au
Pere ; il loua ce cher Enfant , & lui
promit de lui conserver toutes ses confitures, sans en ôter la moindre chose.

» Je n'en doute point, mon cher
» Pere , reprit l'Enfant ; car je suis
» persuadé que tout ce que vous fai-
» tes à mon égard, vous le faites pour
» mon bien ; & c'est pourquoi la peine
» que vous prenez d'emporter mes
» confitures , augmenté ma joie , au
» lieu de la diminuer.

» Vous parlez comme un Enfant
» sage au parfait, répliqua le Pere,
» & si vous continuez de cette ma-
» niere, vous ne manquerez jamais de
» véritable plaisir. »

CHAPITRE XXII.

L'ENFANT ÉTOURDI.

IL y avoit un jour une grande troupe de moineaux derriere une Grange, que la rigueur de l'hiver avoit forcés d'y chercher leur nourriture.

Un Enfant les voyoit de la fenêtre & avoit grande envie d'en attraper quelques-uns ; c'eſt pourquoi il ſortit vîtement & prit un bâton, qu'il jetta parmi la troupe, dans le deſſein d'en bleſſer quelques-uns, enſorte qu'ils reſtaſſent ſur la place.

Un Domeſtique le vit : » Je vais » vous enſeigner un meilleur moyen » d'arriver à votre but. Prenez un grain » de ſel & poſez-le ſur la queue de » chaque moineau, que vous déſire- » rez d'attraper, & vous verrez qu'il » ne bougera pas de l'endroit, où il ſe » trouvoit quand vous lui appliquiez ce » ſel. »

L'Enfant crut bonnement que ce conseil étoit à suivre : il se fit donner du sel & tâcha de l'employer comme on le lui avoit prescrit. Mais il courut inutilement après les oiseaux.

Sa Mere le vit & lui demanda ce qu'il faisoit ? Il lui découvrit le secret, qu'il vouloit éprouver comme une chose rare. Sa Mere lui dit : » Ne
» voyez-vous pas qu'on a abusé de vo-
» tre jeunesse & de votre crédulité :
» pour mettre du sel sur la queue de
» l'oiseau, il faut premiérement l'a-
» voir à sa disposition. J'ai vu tantôt
» que vous vous y preniez d'une ma-
» niere trop lourde, & en petit étour-
» di. Car jeter des bâtons parmi une
» troupe d'oiseaux pour en attraper
» quelqu'un ; c'est comme si l'on vou-
» loit prendre un Lievre au son de la
» caisse ; peu à près vous avez donné
» des marques de votre crédulité ; l'é-
» tourderie & la crédulité sont éga-
» lement blâmables : je vous ensei-
» gnerai un moyen plus efficace, car
» les parens ne se moquent pas de
» de leurs Enfans : prenez un trébu-
» chet, dressez-le comme je vous le

» montrerai, & tout réuſſira ſelon vos
» ſouhaits.

CHAPITRE XXIII.

L'ENFANT DILIGENT.

ON promit à divers Enfans, que celui d'entr'eux, qui s'acquitteroit, chaque jour, le mieux de ſa tâche ſeroit
le premier ſervi à table.

Le plus jeune, (c'étoit un petit garçon, qui avoit toujours l'appétit ou-
vert, & qui ſouhaitoit ſouvent d'être
le premier ſervi,) demanda, ce que
c'étoit que de s'acquitter le mieux de
ſa tâche ? Ses Sœurs lui répondirent
qu'il ne s'agiſſoit que de bien apprendre ſa leçon, & que celui qui la ſauroit le mieux auroit la préférence à
table. » Ah ! s'il ne s'agit pas d'autre
» choſe, repartit le garçon, je ſerai
» toujours le premier. Car j'appren-
» drai, dès ce moment, avec plus d'ar-
» deur que je n'ai jamais fait. Et bien

» que vous ayez le même deſſein, vou[s]
» ne me préviendrez pourtant pas ; i[l]
» m'en reviendra un double profit [:]
» j'aurai de beaux livres, auſſi-tôt que
» je ſaurai lire parfaitement. C'eſt ce
» que mon cher Pere m'a déjà pro-
» mis depuis long - temps. Et j'aime
» bien autant à avoir de beaux livres,
» que j'aime à ne pas être ſervi des
» derniers. »

Ce diſcours donna de l'émulation aux autres, qui apprirent depuis très-bien leurs leçons.

CHAPITRE XXIV.

L'ENFANT INCONSIDÉRÉ.

UN Enfant s'approcha un jour d'une ruche, pour voir, comment les abeilles fabriquoient le miel, il ſe réjouit infiniment. Quand il vit travailler ces petits animaux avec tant de diligence.

Au milieu de ſa joie une abeille vint

le piquer au visage, cette piquure lui causa de terribles douleurs. Il courut d'abord en pleurant vers sa mere, pour se plaindre du mal, que ces mouches lui avoient fait.

» Ma chere Mere, lui dit-il, voyez
» ce qui m'est arrivé: les abeilles, à
» qui je n'ai jamais fait aucun mal, &
» que j'ai toujours aimé, à cause du
» miel qu'elles nous rapportent, m'ont
» piqué vivement. »

La Mere tranquillisa cet Enfant, & lui reprocha sa curiosité déplacée en ces termes. Vous vous souviendrez, mon cher Enfant, qu'on vous a dit, que les abeilles avoient un aiguillon : & qu'elles n'aiment pas, qu'on les regarde de si près. Pourquoi ne faites-vous pas attention, quand on vous avertit du danger ?

» Ah ! ma chere Mere, répondit
» l'Enfant, je me rappelle tout cela,
» mais je n'ai pas cru que ce fût tout
» de bon, lorsqu'on me l'a dit. » C'est justement en quoi vous avez manqué, reprit la Mere, quand nous vous avertissons de quelque chose, vous devez toujours croire que ce n'est pas sans

quelque raifon fuffifante , & vous régler là - deffus.

CHAPITRE XXV.

L'ENFANT MALADE.

ECoutons ce qui arriva un jour à
une troupe de très-jolis Enfans, qui
étoient aimés de leurs parens auffi-
bien que de tous ceux qui les con-
noiffoient.

Ces Enfans là avoient arrêté entre
eux de fe rendre dans un beau jardin , où on leur avoit promis de fervir
une petite collation & des fruits prin-
tanniers.

Leurs parens ne balancerent point
de leur accorder cette permiffion , car
on accorde ordinairement aux jolis
Enfans ; c'eft-à-dire aux Enfans obéif-
fans , tout ce qui eft poffible : ils le
méritent par le foin , qu'ils ont , de
plaire à leurs parens.

Ces Enfans étant donc affemblés ,
on

on leur servit du café, du thé, du lait, du biscuit, des confitures. Ils eurent aussi des fraises, des groseilles & des cerises. Enfin, on ne leur laissa rien manquer de ce qui pouvoit leur faire plaisir.

Les suites de ce petit festin furent pourtant extrêmement différentes.

Il y en eut, qui, attentifs aux ordres qu'on leur avoit donnés, de ne passer en aucune maniere les bornes d'un appétit réglé, avoient goûté des fruits qui leur convenoient, sans aller à l'excès.

D'autres, profitant malheureusement de l'absence des Gouvernantes, voulurent presque avaler tout ce qui étoit sur table, & n'eurent pas honte de dégarnir sécrettement une assiette après l'autre.

Les premiers se trouverent fort bien, & ne sentirent aucun déplaisir après cette charmante collation.

Les derniers qui avoient succombé à la tentation, furent à peine arrivés chez eux, qu'ils commencerent à se plaindre de mal d'estomac, de tête & d'autres incommodités, inséparables de la gourmandise.　　　　　D

Il fallut les mettre au lit, ils tombèrent en diverses infirmités.

L'un d'entr'eux sentit lui - même, qu'il falloit avoir recours au médecin, & pria instamment ses parens, de le faire venir, pour le tirer du danger dont il étoit menacé ; les parens eurent la bonté de lui pardonner sa faute, puisqu'il n'avoit pas tardé de la reconnoître & d'en revenir, en demandant le secours des remedes, propres à lui rendre la santé.

Il en prit patiemment plusieurs jours de suite : il ne fit paroître le moindre dégoût, en prenant ces remedes, quoique assez désagréables. Il trouva que tout étoit bon & même de bon goût, pourvu qu'il servît à son rétablissement dont il étoit uniquement occupé. Enfin il recouvra sa santé & en rechappa pour cette fois.

Il s'informa ensuite de la santé des autres Enfans ses compagnons.

Il apprit à son grand étonnement, que l'un d'entr'eux étoit à deux doigts de la mort, pour n'avoir point voulu prendre de remedes, & que quelques autres se trouvoient encore fort mal, pour avoir pouſſé leur opiniâtreté au point de ne les prendre pas à temps.

Il courut chez eux, pour les exhorter à ſuivre ſon exemple, & les ſauva du danger où ils s'étoient précipités par leur entêtement.

CHAPITRE XXVI.

L'ENFANT ÉPROUVÉ.

UNE Mere mit un jour deux pommes ſur une table, en préſence de ſes Enfans, & leur défendit de les toucher, ſous peine de châtiment.

Les Enfans, dès qu'ils furent ſeuls, ſe déclarerent mutuellement qu'ils ſouhaiteroient de ſavoir la raiſon de cette défenſe, puiſqu'il n'y avoit pas grand mal à toucher une pomme.

La Gouvernante, qui entra là-deſſus, les entendit raiſonner & leur dit : » C'eſt, mes chers Enfans, pour » éprouver votre obéiſſance, que Ma- » dame votre Meré, vous a défendu » cela.

Ah! c'eſt un devoir facile à obſer-
ver, lui répondirent - ils, pas un de
nous ne touchera ces pommes.

La Gouvernante pourſuivit, que
tout ce qu'on leur défendoit ou ordon-
noit, étoit en ſoi-même facile à obſer-
ver, puiſqu'on ne déſiroit que leur bien
& qu'on conformoit toujours ſes ré-
glemens à ce but. Elle ſortit.

Un petit Garçon de la troupe s'approcha de la table, & dit, qu'il n'y
avoit pas grand mal à toucher une de
ces pommes, pour la regarder ſimplement de plus près : & que ſa mere
n'en ſauroit rien, pourvu que ſes ſœurs
ne le trahiſſent pas.

Celles-ci lui refuſerent leur conſen-
tement, parce qu'elles vouloient être
fidelles à leur mere, & ne pas commettre un plus grand mal, que le premier, en lui cachant la vérité. Sur quoi
la Mere rentra pour s'informer, de ce
qui s'étoit paſſé à l'égard des pommes, pendant ſon abſence.

L'Enfant, qui avoit violé ſes ordres,
en touchant les pommes, ſe tut &
rougit.

Les autres, qui n'avoient rien à ſe

reprocher, allerent au devant de leur mere, lui baiserent la main & lui dirent en même temps, qu'ils n'avoient rien fait contre ses ordres.

La Mere, qui s'apperçut d'abord de la vérité, embrassa ces Enfans & les loue de leur obéissance ; en attendant le petit Garçon, couvert de honte, s'alla cacher dans un coin : la mere le rappella, & lui demanda la cause de son embarras.

Ce pauvre Garçon, ayant reconnu sa faute, l'avoua & dit : » Que sa désobéissance lui causoit tant de dou» leur, qu'il ne s'aviseroit plus de con» trevenir aux ordres de ses chers pa» rens.

CHAPITRE XXVII.

L'ENFANT SAGE.

UN jour plusieurs Enfans eurent la permiſſion, après avoir bien appris leurs leçons, de faire une promenade hors la ville.

A peine avoient-ils gagné la clef des champs, que quelques grands chiens les aboyerent, en avançant contr'eux.

La plupart de ces Enfans, qui avoient des bâtons, prirent la réſolution de ſe défendre, & d'en donner à ces animaux.

Il s'en trouva un parmi eux qui ſe rappella que ſon Pere lui avoit conſeillé de ne jamais battre un chien; c'eſt pourquoi il leur dit : » Qu'il vau- » droit beaucoup mieux, pour ne pas » être mordu, paſſer de l'autre côté » & ne pas ſe ſervir de leurs bâtons, » comme ils ſe l'étoient propoſé. »

Quelqu'un ayant entendu parler ce

Garçon fi fagement, lui fit de grands éloges, & alla incontinent chez fon Pere pour l'en avertir.

Le Pere fatisfait de l'obéiffance de fon Fils, lui fit un beau préfent à fon retour ; au lieu que les autres Enfans moins fages eurent le malheur d'irriter tellement ces chiens contr'eux, qu'à peine purent-ils en être délivrés , par le fecours de quelque paffant.

CHAPITRE XXVIII.

L'ENFANT TÉMÉRAIRE.

LEs Enfans doivent être perfuadés, que leurs parens ne défirent rien autant que leur fanté & leur bien être en général.

Un Enfant naturellement un peu revêche ne fe mettoit pas en peine du foin que fes parens avoient, d'empêcher qu'il ne fe fît du mal.

Il prenoit même quelquefois plaifir à prendre le contrepied de tout ce qu'on lui difoit.

Dès sa plus tendre enfance on lui avoit défendu de courir pour ne pas tomber ; il ne laissa pas de courir & de se donner, en tombant, plusieurs coups à la tête, qui ne furent pas guéris sans douleur.

On lui avoit pareillement défendu de se hazarder tout seul sur les escaliers. Il y monta néanmoins & courut grand risque de tomber & de se casser le cou.

Il auroit dû devenir sage & ne jamais contrevenir aux conseils & aux ordres, qu'on ne s'étoit pas lassé de lui donner, mais il sembloit que sa témérité alloit en augmentant avec les années.

On lui avoit mille fois dit, qu'il devoit se tenir éloigné des ouvertures de cave, ne pas marcher dans l'obscurité, ni sauter, ni grimper. Il traitoit tout cela de pures bagatelles.

Qn'en arriva-t-il ? il tomba un jour dans la cave, & quoiqu'il ne perdit pas d'abord la vie, il fut pourtant estropié & resta misérable toute sa vie.

Il eut encore la honte de voir qu'on se moquoit souvent, quand on le voyoit

marcher

marcher avec des bequilles ; on ne
ſauroit exprimer les regrets qu'il eut ,
d'avoir mépriſé les ſoins & les Conſeils
de ſes parens.

CHAPITRE XXIX.

L'ENFANT REPRIS.

UN Enfant avoit un jour manqué à
ſon devoir. On le fit paroître & on
lui demanda : pourquoi il s'étoit aviſé
de contrevenir aux ordres de ſes parens ?

Il voulut s'excuſer en diſant : » qu'il
» avoit vu faire la même choſe à tel
» & tel autre Enfant ; mais cette ex-
cuſe n'eut pas lieu.

On lui dit qu'il ne falloit ſuivre
les exemples des autres , qu'autant
qu'ils étoient conformes aux regles
qu'on lui avoit données.

Il demanda pardon de ſa faute , &
on le lui accorda pour cette fois : à
condition néanmoins qu'il n'y retom-

beroit plus , fans quoi, on l'affure
qu'il feroit infailliblement châtié.

CHAPITRE XXX.

L'ENFANT DISCRET.

UN Enfant, (on dit que c'étoit une
Fille) fe trouva un jour dans une compagnie où l'on s'entretenoit de divers
fujets.

Ceux qui parloient enfemble, né
prenoient pas garde à cette Enfant,
puifqu'ils ne croyoient pas même qu'elle
entendît tout , quoiqu'elle n'en fît pas
femblant.

Après qu'elle fut de retour , fes
fœurs lui demanderent , fi elle s'étoit
bien divertie, & qui avoit été préfent?
» Il y a eu bien des perfonnes de dif-
» tinction , répondit-elle ; mais je ne
» peux les nommer toutes. »

Elles lui demanderent outre cela,
fi elle avoit parlé à toutes ces perfonnes ? » Cela ne m'auroit pas convenu,

» répliqua-t-elle, on ne m'a pas adref-
» fé la parole , & fans cela, la com-
» pagnie avoit tant de chofes à dire ,
» que pour cette fois, elle ne penfoit
» guere à moi. »

Racontez-nous donc au moins, re-
prirent les autres Enfans , ce que vous
avez entendu : » Tout ce que j'ai en-
» tendu, leur répondit-elle, n'importe
» ni à vous , ni à moi, & c'eft pour-
» quoi il vaudra mieux que je me taife.

Vous êtes bien difcrette , lui répli-
querent fes fœurs, & nous ne vous en
blâmons pas.

Le Pére de ces Enfans qui les avoit
entendu raifonner , entra là-deffus ,
il approuva fort le procédé de la jeune
fille , difant : » que la difcrétion étoit
» une vertu abfolument néceffaire à
» un chacun & principalement aux
» filles.

CHAPITRE XXXI.

L'ENFANT GATÉ.

IL y avoit autrefois des parens qui n'avoient qu'un seul Enfant ; cet Enfant étoit beau & bienfait. Aussi les parens l'aimoient - ils tendrement , tant à cause de sa jolie figure , que parce qu'il étoit fils unique.

Rien n'auroit été plus nécessaire que de lui donner une éducation convenable à sa naissance & à sa destination. L'Enfant en avoit aussi la meilleure disposition du monde , mais l'amour qu'avoient les parens pour leur Enfant, qui auroit dû le rendre heureux, s'il avoit été réglé , fut la cause de sa perte.

Pour ne pas incommoder ce cher rejetton , on ne lui fit rien apprendre, en sorte qu'il resta dans une affreuse ignorance. Et ce qu'il y avoit de pis, c'est qu'on ne le corrigeoit jamais, quand

il commettoit quelque faute , on s'ac-
commodoit , au contaire à fa volonté
en tout, ce qui dégénéra en caprice :
enfin l'Enfant fut tout à fait gâté par
la trop grande indulgence de fes parens.

Cet Enfant là eut enfuite la témérité
de réfifter à fes parens , lorfqu'ils voulurent reprendre leur autorité ; ce qui
les chagrina tellement , qu'ils mouru-
rent bientôt l'un après l'autre.

Dès lors l'Enfant crut qu'il étoit le
maître de toutes fes actions, dont il ne
favoit diriger aucune.

Il dépenfa en très-peu de temps les
biens que fes parens lui avoient laiffé ,
parce qu'il n'avoit abfolument rien appris pour gagner fa vie & fe conferver
dans l'état , où fa naiffance l'avoit mis.

Etant devenu pauvre comme Irus ,
& méprifé de tous les honnêtes gens ,
il s'affocia à une bande de Vauriens ,
qui le rendirent encore pire , qu'il ne
l'avoit été.

Il fut pris avec ces malheureux, &
comme il avoit déjà trempé dans leurs
crimes , il fut envoyé aux Galeres ,
où il périt miférablement , fous les

coups innombrables , qu'il reçut jour-
nellement par ordre du Capitaine.

CHAPITRE XXXII.

L'ENFANT PARVENU.

CElui-ci est bien différent de l'Enfant dont nous venons de parler.

Il étoit né paysan , dans un misérable village. Son Pere y avoit habité la plus chétive cabane. A peine avoit-il eu de quoi couvrit la nudité de ce fils , quoiqu'il fût fils unique. Cet Enfant sentit dès sa naissance toute la misere à laquelle les pauvres Enfans sont exposés.

Il en fut affligé. Il réfléchit de bonne heure sur son triste état. Il alla chez le Curé du Village , pour demander , s'il n'y avoit pas moyen de le tirer de l'affreuse situation où il se trouvoit.

Le Curé lui répondit, qu'il n'y avoit rien d'insurmontable à la vertu & au travail.

L'Enfant fut ravi de joie en apprenant cette nouvelle ; le Curé l'admira. Il lui donna des habits & en fit son petit domeſtique.

L'Enfant, qui commença à plaire de plus en plus à ſon maître, eut bientôt la permiſſion d'aller à l'école où il acquit la connoiſſance des bons livres. Il en fut charmé.

Il ſe trouva une forte inclination pour la marine, car les inclinations ſont différentes, & celui-ci avoit demeuré auprès de la mer. Il s'appliqua à ce qu'il fallut ſavoir, pour y faire des progrès.

Il entra en ſervice : les recommandations du Curé lui obtinrent la place de bas Officier. Il s'y diſtingua beaucoup. Il parvint au grade de Capitaine, lorſque l'Enfant gâté lui fut amené chargé de chaînes avec d'autres miſérables.

Il ne reſta pas Capitaine, ce fils de Payſan. Il perſévéra dans le beau chemin de la vertu, qu'il avoit choiſi dès ſa premiere jeuneſſe, & devint à la fin Amiral d'une flotte conſidérable, avec laquelle il battit les Infidelles,

& s'attira une gloire qu'on ne fauroit exprimer.

Ses parens le virent monter de degré en degré d'honneur & de profpérité. Ils en bénirent Dieu ; & leur fils trouva un plaifir inexprimable à les tirer du fond de leur bas état & de leur extrême mifere.

CHAPITRE XXXIII.

L'ENFANT SOT.

UN Enfant fe retira un jour fubitement dans un coin, & pleura à chaudes larmes.

Sa Mere inquiete de cette triftefte, lui demanda ce qui lui manquoit.

Après quelques excufes, il avoua qu'il pleuroit de ce qu'il n'étoit pas auffi grand que quelques autres Enfans du voifinage.

La Mere fe mit à rire & demanda à l'Enfant : s'il n'avoit auffi jamais pleuré parce qu'il n'avoit pas un ou deux bras , ou jambes de plus. Il dit que non. Sa Mere pourſuivit : & pourquoi ? L'Enfant dit que ce n'étoit pas dans l'ordre.

Ainſi , reprit la Mere , ce n'eſt pas non plus dans l'ordre , que vous déſiriez être plus grand , que vous ne l'êtes à préſent. Attendez encore quelques années , avec l'âge vous deviendrez ſemblable aux autres.

CHAPITRE XXXIV.

L'ENFANT PHILOSOPHE.

UN Enfant , qui paroiſſoit un jour fort penſif , fut interrogé par ſa Gouvernante , à quoi il penſoit ?

L'Enfant lui répondit : qu'il ruminoit ſur la cauſe qui rendoit les jours ſi différens les uns des autres : car un jour lui portoit du plaiſir & l'autre du déplaiſir.

» Un jour , continua-t-il , on m'ap» pelle un ſage Enfant , on m'aime ,

» on me fait des caresses, on me
» donne toute sorte de choses qui mé
» sont agréables ; & on me permet
» même de me divertir à souhait.

» Un autre, on me dit que je ne
» suis pas sage, que je suis indécent.
» Au lieu de me caresser, on me
» gronde & tout divertissement m'est
» interdit.

» Je souhaiterois fort d'en entendre
» expliquer la raison.

La Gouvernante le contenta, en
lui démontrant que cette inégalité ne
provenoit nullement du temps, puisqu'un jour étoit en foi-même comme
l'autre ; mais qu'elle étoit une suite naturelle de l'inégalité de sa conduite.

» Si vous étiez, poursuivit-elle, tous
» les jours également sage & obéissant,
» mon cher Enfant, vous seriez tou-
» jours loué & caressé, & vous ne
» manqueriez jamais de plaisir.

» Mais, en changeant de conduite,
» les caresses, les louanges, les plai-
» sirs & les agrémens changent aussi.

» Si c'est là la cause, de cette diffé-
» rence, répliqua l'Enfant, je serois
» fort imprudent, si je ne voulois pas

» tâcher de jouir de ces agrémens un
» jour, comme l'autre.

» Vous ferez au mieux, dit la Gou-
» vernante ; & ce n'eft pas la premiere
» fois que je vous en ai fait envifager
» l'avantage.

» Il eft vrai, & je me le rappelle,
» repartit l'Enfant, c'eft cependant la
» premiere fois que je réfléchis fur
» cette vérité.

Cet Enfant fut, dès ce moment,
toujours fur fes gardes, & auffi-tôt
qu'il s'apperçut de quelque faute qu'il
avoit commife, particuliérement de
quelque entêtement, qui eft une faute
affez ordinaire aux Enfans, il fe fouvint du déplaifir, qu'il avoit reffenti
autrefois & fe corrigea de fon propre
mouvement.

De cette maniere il fe rendit uni-
verfellement aimable & goûta un contentement, qui ne fut jamais troublé
par l'influence du temps, dont il s'é-
toit auparavant fait une fauffe idée.

CHAPITRE XXXV.

L'ENFANT ÉCONOME.

UN Pere donnoit quelquefois de l'argent à ses Enfans, dont il leur laissoit la libre disposition.

Il y avoit de ces Enfans, quoiqu'il ne leur manquât rien de ce que les Enfans trouvent délicieux, comme du fruit, du biscuit & de pareilles choses, qui ne laissoient pourtant pas de s'en faire acheter par les domestiques, & qui s'en remplissoient quelquefois l'estomac, même au delà de leur appétit.

De cette façon leur petite bourse étoit la plupart du temps à sec, & ils se trouvoient souvent dégoûtés de leurs délices, à force de s'en trop procurer.

Il y en avoit d'autres qui gardoient soigneusement leur argent, & qui ne faisoient jamais cause commune avec les Enfans dont nous venons de parler.

Le Pere remarqua cette différente maniere d'agir. Il fut curieux d'apprendre à quoi elle aboutiroit, il le vit à la premiere foire, qui se tint à l'endroit, où ces enfans demeuroient.

Quelques-uns d'entr'eux, dont l'argent n'étoit pas dépensé en friandises, s'acheterent de petites nipes, des rubans selon leur goût, des estampes, des cartes géographiques, & de pareilles choses.

Les autres n'acheterent absolument rien : cela étonna le Pere.

Il ne put s'empêcher de demander à ces derniers, pourquoi ils ne faisoient pas comme les autres ? Il eut pour réponse, » que c'étoit pour garder leur » argent, parce qu'ils avoient entendu » dire que bien de personnes faisoient » la même chose : que l'argent étoit » selon ces gens-là le meuble le plus » nécessaire dans ce monde, & que » tout le reste ne valoit pas l'argent, » puisqu'on donnoit tout pour ce pré- » cieux métal. »

Alors le Pere fit assembler tous ses

enfans, & leur dit : » Je trouve, mes
» enfans, qu'il fera bon de vous don-
» ner de juftes idées fur ce que je
» vous ai vu faire.

» Vous, dont l'argent a été conver-
» ti en friandifes, vous en manquez à
» cette heure : le plaifir que vous
» avez cru trouver, s'eft évanoui : &
» je fuis perfuadé, que vous compre-
» nez maintenant, que ce n'eft pas
» l'ufage que j'ai voulu que vous fiffiez
» de l'argent que je vous ai donné pour
» vos menus plaifirs. »

» Vous, au contraire, qui le ténez
» encore enfermé dans votre bourfe,
» vous ne faites pas mieux pour cela.
» Vous vous privez du plaifir que j'ai
» voulu vous accorder, en vous fai-
» fant de petites libéralités ; & votre
» maniere de penfer approche même
» déjà un peu de l'avarice, dont il
» faut foigneufement fe garder.

» Mais vous qui l'avez employé à
» des chofes propres à vous amufer
» long-temps, vous avez tenu le jufte
» milieu entre l'avarice & la folle dé-
» penfe, vous êtes entré dans mes
» vues, qui étoient de vous faire plai-
» fir.

» Apprenez dès - à - préfent tous
» enfemble, ce que c'eft que d'écono-
» mifer, lorfque vous ferez un peu
» plus avancé en âge, vous faurez au
» long combien il eft important d'é-
» viter l'avarice auffi-bien que la pro-
» digalité. »

Un de ces Enfans profita particuliérement de cette leçon, & la rendit
facile aux autres, qui fe fentirent tous
une forte envie de la fuivre, & qui fe
trouverent bien de l'avoir apprife de
fi bonne heure.

CHAPITRE XXXVI.

L'ENFANT POSÉ.

UN Enfant avoit depuis long-temps
fouhaité de voir un autre endroit que
celui, où il avoit demeuré jufqu'alors.

Un jour l'occafion fe préfenta de lui
faire ce plaifir. L'Enfant partit avec fes
parens pour une grande ville.

Quand ils y furent arrivés, l'enfant

s'étonna d'y voir tant de monde &
tant de fracas. Sa furprife s'augmenta
encore lorfqu'il fe trouva dans une
grande affemblée, où la magnificence
brilloit par tout, & où chacun fe di-
vertiffoit de fon mieux.

Cependant il fe fouvint de ce que
fon pere & fa mere lui avoient dit, &
encore en dernier lieu avant leur dé-
part, c'eft, qu'il falloit ufer de modération en toute chofe. Il fe conforma
à ce précepte & s'attira par ce moyen
l'eftime de toute l'affemblée.

Son pere & fa mere lui en témoi-
gnerent leur grand contentement, &
lui promirent de le mener plus fouvent en compagnie.

L'enfant qui avoit beaucoup d'ambition, fentit une extrême joie de ce
que fa conduite avoit répondu aux
fouhaits de fes parens. Il fe propofa
de l'examiner fans ceffe, pour s'affu-
rer une approbation fi eftimable & fi
néceffaire.

CHAP.

CHAPITRE XXXVII.

L'ENFANT FERME.

UN jour deux enfans étant allés à la promenade, il s'éleva subitement un grand orage.

L'un d'eux, qui étoit un peu craintif, trembla d'abord de peur. Il courut sous un arbre pour s'y cacher.

L'autre enfant plus âgé, plus réfléchissant & plus rassis le rappella.

» Mon cher, lui dit-il, pourquoi
» vous inquiétez-vous de la sorte ? Re-
» venez à moi, je vous en prie : &
» pensez à ce que notre pere nous a
» dit si souvent : savoir ; qu'il ne faut
» pas s'inquiéter mal-à-propos : que
» c'est Dieu qui dirige tout, qui regle
» le tonnerre & les foudres ; & que
» rien ne vous sauroit arriver sans sa
» volonté. Outre cela une trop gran-
» de peur ne sert de rien, & ne peut
» qu'occasionner un délire qui peut de-

F

» venir pernicieux. Si vous m'en croyez
» fuivez mon exemple ; vous vous en
» trouverez mieux. »

Cela encouragea & donna de l'af-
furance à cet enfant épouvanté ; il
fe fouvint qu'il s'étoit autrefois attiré
du mal pour avoir eu trop de peur ; &
qu'on l'avoit exhorté à réfléchir avant
que de craindre. Il fe rejoignit à fa
compagnie, qui gagna heureufement le
logis.

Cependant l'orage fe diffipa fans
caufer le moindre dommage , & le
temps fe remit parfaitement au beau.

» Vous voyez à cette heure , reprit
» alors l'enfant ainé , la vérité de ce
» que je vous ai dit : qu'on fe trouve
» toujours mieux de refter tranquille ,
» tant que le malheur n'eft encore
» qu'incertain. Un efprit ferme trouve
» moyen d'en fortir mieux qu'un au-
» tre : c'eft ce que la lecture m'a appris :
» je vous l'apprends en attendant que
» vous puiffiez, comme moi, profiter
» de la lecture des bons livres.

CHAPITRE XXXVIII.

L'ENFANT CURIEUX.

UN enfant demanda un jour à sa mere : où ferois-)e, si je fortois de la ville ? la mere lui dit : » vous feriez » au fauxbourg : » & si je fortois du fauxbourg ? » Vous feriez aux champs.

L'enfant se fit expliquer ce que c'étoit que le fauxbourg & les champs, & trouva un grand contentement à entendre cette explication.

Il pouffa ses demandes pour savoir où il feroit en avançant toujours fon chemin.

La mere lui dit, qu'il iroit de ville en ville, d'un pays à l'autre, & qu'enfin il pourroit auffi arriver au bord de la mer.

L'enfant piqué de curiofité, se fit dire ce que c'étoit que la mer & les autres parties du monde.

On ne tarda pas de lui en donner une courte defcription.

Lorsqu'il voulut savoir si tout ce qui existoit maintenant avoit toujours été sur le même pied, on lui fit comprendre, qu'il y avoit eu des révolutions dans ce monde : & on lui rapporta un abrégé de l'Histoire.

L'Enfant fut extrêmement étonné du récit de tant de choses différentes.

» Au nom de Dieu, s'écria-t-il, » ma chere mere, comment est-il » possible, que vous me puissiez infor- » mer de toutes ces choses ? Mon » cher enfant, j'en ai été instruite » auparavant moi-même, dit-elle, à » l'aide des bons livres.

» Est-ce que cela se trouve dans les » livres ? reprit l'enfant. Oui, mon » cœur, poursuivit la mere ; les li- » vres contiennent tout cela. Il faut » donc, dit l'enfant, que je lise aussi » de ces bons livres.

Il le fit, & y trouva un extrême plaisir, & par cette raison il se fit distinguer au dessus des autres enfans.

⁂

CHAPITRE XXXIX.

L'ENFANT DÉVOT.

UN Enfant remarquant un jour ce qu'il avoit vu souvent : savoir ; qu'on prioit Dieu tant le matin, qu'à la table & au soir, il demanda pourquoi l'on en agissoit de la sorte ? On lui dit que c'étoit pour adorer le créateur & conservateur de l'univers.

L'enfant se voulut faire expliquer cela : il ne le put pas encore suffisamment comprendre. Il se contenta donc de demander. Si cet Etre souverain prenoit aussi connoissance des enfans ? On lui répondit qu'oui ; & qu'il les favorisoit principalement de sa divine protection. Il en fut surpris & en sentit une joie extrême.

» Vous m'avez enseigné, mes chers
» parens, reprit - il, & je le sens,
» qu'il faut être reconnoissant envers
» ceux de qui on reçoit un bienfait.

» Me conviendroit-il auſſi de témoi-
» gner ma reconnoiſſance à cet Etre
» ſuprême, qui veut bien avoir ſoin
» des enfans & de moi en particu-
» lier? »

» Sans doute, lui répondirent ſes
» parens, & ce que votre cœur vous
» dicte, eſt conforme à la volonté de
» Dieu. »

» Il me ſera donc très-facile, dit
» l'enfant, de ſatisfaire à cette volon-
» té, je lui conſacrerai mon cœur,
» ainſi que j'entends que vous lui avez
» voué le vôtre : & en attendant que
» je puiſſe comprendre, ce qui me
» paroît encore trop difficile, je ne
» manquerai jamais de lui adreſſer
» l'oraiſon que Jeſus-Chriſt nous a lui-
» même appriſe, comme vous me
» l'avez aſſuré. »

L'enfant le fit, & récita ſon *Notre
Pere*, *&c.* à l'imitation des autres enfans plus âgés.

De jour en jour il comprit davan-
tage le ſens & l'importance de cette
priere : & s'attira par-là la bénédic-
tion du ciel, qui le combla de mille
bienfaits.

F I N.

PRÉCEPTES

D'UN PERE

A SES ENFANTS,

SUR LES DIVERS ÉTATS

DE LA VIE,

Par Mademoiselle DE Los-Rios.

1770.

PRÉCEPTES

D'UN PERE

A SES ENFANTS.

*Sur ce qui regarde les divers incidents
de la vie.*

SI vous voulez être heureux & vous
faire eftimer dans le monde, craignez Dieu, foyez fidelles à votre Prince,
& vivez en gens d'honneur & de probité.

Ne reprenez point devant le monde
ceux que vous croirez être en droit de
corriger.

Vous ne pouvez apporter trop de
circonfpection dans vos paroles. Un
mot échappé par imprudence ou par
raillerie, & même fouvent un bon mot

dit avec efprit, coûte cher à celui qui a cru s'en faire honneur.

Faites-vous des amis autant que vous le pourrez; mais il y en a fi peu de véritables, que vous ne devez pas compter fur eux.

N'ayez de l'attachement & de l'amour pour le monde, qu'à proportion du temps que vous y devez être.

Si vous vous trouvez dans des emplois confidérables, ne mettez auprès de vous que des gens d'expérience, & capables de rendre fervice au Prince & à l'Etat.

Fuyez l'oifiveté comme le plus dangereux de tous les maux. Quand l'efprit n'eft point occupé il devient corps; quand il eft occupé le corps devient efprit.

Vous ferez connoître le fond de votre ame par vos paroles, & votre naiffance par vos actions.

Travaillez chacun dans votre profeffion à vous faire un mérite.

Tenez pour certain qu'il n'y a point de plus mauvais métier que celui de n'en avoir pas, & qu'il n'y a point de plus ennuyeufe vie, que celle qui fe

paſſe dans les plaiſirs ou dans des viſi-
tes continuelles.

Ayez pour tout le monde les mêmes
égards, que vous ſouhaitez qu'on ait
pour vous.

Vous n'aurez pas de plus grands ennemis que vous-mêmes, ſi vous vous
abandonnez à vos paſſions.

Recevez vos parens & vos amis avec
un viſage riant & engageant; les recevoir autrement, c'eſt ſe priver de la
joie de les voir.

N'ayez confiance qu'à ceux qui ſont
diſtingués par leur mérite, leur eſprit
& leur probité: regardez-les comme
les ſeules étoiles fixes capables de vous
éclairer dans les ténebres que les affaires du monde répandront ſur les divers incidens de votre vie. Conſidérez
tous les autres comme des étoiles er-
rantes, qui ont de l'éclat, mais qui
tombent tout d'un coup.

Ce n'eſt pas la naiſſance, les biens,
& les grands emplois qui vous rendront
conſidérables dans le monde, c'eſt l'u-
ſage que vous en ferez.

Vivez toujours comme ſi vous étiez
vieux, afin que vous ne ſoyez jamais

dans le cas de vous repentir d'avoir été jeunes.

Apprenez que c'est gagner que de favoir perdre quelquefois, & que dans de certaines rencontres, lorfque vous relâcherez quelque chofe de vos intérêts, vous agirez en gens fages & de bon fens.

Se fâcher fans raifon, c'eft une marque que l'on n'a pas l'efprit bien fait, & que l'on ne fait pas vivre.

Pour être content, il fuffit d'avoir le néceffaire ; le fuperflu eft inutile & nuit fouvent bien plus qu'il ne fert.

N'achetez pas les faveurs & les bienfaits des Princes, par des baffeffes indignes de votre naiffance & de votre éducation.

Tant que vous pourrez vivre de ce que vous aurez, & de ce que vos emplois vous procureront, ne vous donnez à aucun Prince ; c'eft une étrange fujétion que d'en dépendre.

Si vous agiffez avec efprit, prudence & probité, tout vous réuffira ; & fans y penfer vous mettrez dans vos intérêts ce que le monde appelle la fortune & le deftin.

Ayez soin de vos affaires vous-mêmes, si vous voulez qu'elles réussissent.

Vous êtes nés maîtres de vos yeux & de votre langue. Que la corruption de vos mœurs ne les rende pas maîtres de vous.

L'amour que vous pouvez prendre pour le vin ou pour le jeu, ne vous semblera d'abord qu'une fourmi que vous pouvez aisément écraser; mais dans la suite cet amour vous paroîtra un éléphant si grand & si fort, que vous n'oserez le combattre.

La véritable gloire suit de près la science, les bonnes mœurs & la vertu.

Faites que l'honnêteté soit toujours de vos plaisirs; c'est le moyen de les goûter, & de n'en pas craindre les suites.

Sur le genre de vie que l'on doit choisir, & sur la maniere dont on doit vivre dans sa profession.

COnsultez des gens d'honneur & de probité, avant que de rien résoudre touchant votre établissement & votre genre de vie.

Pour mener une vie douce & agréable, il n'eſt pas néceſſaire de vous donner aux plaiſirs; mais il ne faut pas auſſi vous y refuſer.

Les plaiſirs d'une agréable ſociété doivent être pris de telle maniere, qu'ils n'empêchent pas ceux que vous pouvez quelquefois prendre dans un peu de lecture & de retraite.

Toute vie qui eſt forcée & violentée par l'avarice ou par l'ambition, n'eſt point naturelle, & par conſéquent elle ne peut être agréable.

On eſt heureux de n'avoir point l'obligation de ce que l'on eſt, aux Princes & aux grands du ſiecle.

Le bonheur de votre vie ne conſiſte pas à vous élever plus que vous ne l'êtes, mais à mener une vie douce & tranquille, conformément à ce que vous êtes.

Vous menerez toujours une vie aſſez douce & aſſez agréable, ſi de quelque profeſſion que vous ſoyez, vous vous faites eſtimer & aimer de ceux qui vous connoîtront.

Faites par vertu ce que les Philoſophes font par raiſon; faites peu d'eſti-

me des grandeurs du fiecle, & tenez-
les au-deſſous de vous.

Sur la maniere dont il faut vivre dans le monde.

SI Dieu ne vous a pas appellés à la vie de retraite, quand vous aurez rempli vos devoirs à ſon égard, il eſt bon que vous penſiez à régler votre conduite ſur ce que le monde demande de vous, afin que vous y viviez douce-ment avec ceux qui y vivent comme vous.

Ne déſobligez jamais perſonne, & ne parlez jamais mal de qui que ce ſoit ; ſouffrez avec bonté les défauts des autres ; louez ceux qui le méritent, & ayez de l'honnêteté pour tous ceux avec qui vous ſerez en commerce.

Il vaut mieux que vous releviez la penſée de votre ami que la vôtre. Vous ferez connoître par cette conduite que vous êtes capables des bonnes choſes ; qu'elles ſont de votre goût, & que vous leur donnez le prix qu'elles méritent.

Accommodez-vous autant que vous le pourrez à l'humeur, à l'esprit & aux désirs de vos parens, de vos amis, & généralement de tous ceux avec qui vous aurez affaire.

Soyez toujours retenus & respectueux avec les Dames, toujours sages, prudents & d'une égale humeur avec les gens de votre âge, de votre qualité & de votre profession.

Ne soyez jamais à charge à personne. Soyez civils sans contrainte & sans cérémonie.

Vivez dans une certaine liberté, qui n'est ni trop respectueuse ni trop familiere.

Sur ce qui a du rapport à la Religion.

VOus ne sauriez être trop zélés pour tout ce qui a du rapport à la Religion. Loin de la faire servir à vos vues, à vos desseins & à vos intérêts, vous ne devez considérer vos emplois & votre naissance, que pour les faire servir à la Religion, & à les en faire dépendre.

Le libertinage ordinaire des hommes ne va pas à méconnoître qu'il y a une vraie Religion ; mais à ne pas vivre selon les loix & les maximes de cette Religion. On sait ce que l'on doit croire, on sait de plus ce que l'on doit faire, & souvent on en demeure là ; ne vous contentez pas de croire, & ne remettez pas à faire dans un âge avancé, ce que vous êtes obligés de faire en tous temps.

Attachez-vous à la Religion, & non pas aux personnes qui font profession de cette Religion. Attachez-vous à votre créance, & non pas à ceux qui vous l'ont enseignée.

Ne prétendez pas pouvoir être jamais gens de bien, si vous n'avez beaucoup de Religion.

Notre Religion est admirable dans ses maximes, & les vérités fondamentales qu'elle établit, font toutes divines.

Vous ne sauriez trop éviter la compagnie de ces Esprits forts, qui font profession de ne rien croire.

L'expérience vous fera connoître que plus on a de Religion, plus on est estimé & aimé dans le monde.

Quelque zélés que vous paroissiez pour la Religion, les preuves extérieures que vous en donnerez ne seront point édifiantes, si elles ne sont jointes aux essentielles marques d'une véritable piété.

Sur les Compagnies que l'on doit voir.

IL faut que vous vous donniez à vos emplois d'une maniere à ne vous pas ôter à vos parens & à vos amis ; il faut que vous vous prêtiez quelquefois au monde, & que vous ne vous y donniez pas.

Trop de conversations & de visites inutiles rendroient votre vie molle & efféminée ; beaucoup d'occupation & un peu de compagnie la rendront honnête, douce & agréable.

Un peu de mêlange dans la vie, rétablit ou entretient la paix de l'esprit & du cœur. Un peu de société fera que vous oublierez vos chagrins, & que le présent vous ôtera l'idée du passé.

Ne soyez jamais à charge à aucune

compagnie. Quand vous reconnoîtrez que celle où vous entrerez eſt en affaire, n'y demeurez pas à contre-temps.

Ne fréquentez jamais les libertins ou les joueurs, il n'y a rien à gagner avec eux.

Ne vous amuſez pas à rendre viſite à des gens toujours oiſifs & qui n'ont jamais rien à faire, il vous rediront cent fois la même choſe.

Pour vous rendre agréables dans les compagnies, ne dites pas toujours ce qui vous paroît de bon & de curieux ; mais entretenez ceux avec qui vous êtes, de ce qui eſt de leur goût & de ce qu'ils aiment.

Evitez avec ſoin les compagnies où l'on ne débite que des fadaiſes, où toute la converſation roule ſur les divertiſſemens du monde, & ſur cent faux raiſonnemens que l'on fait ſur les intérêts des Princes.

Quand vous ſerez avec vos amis, tâchez de leur plaire & de leur être agréables ; n'y prenez jamais l'air des Philoſophes ou des Dévots.

Ne vous mettez pas en tête d'avoir toujours grande compagnie chez vous, ce seroit trop aimer le monde, & ne pas vous aimer assez.

Sur les Rapports.

NE faites jamais des rapports. Les rapports font toujours des affaires & brouillent presque toujours les parens & les amis. De plus, ils font naître des soupçons & des querelles, qui ont de fâcheuses suites.

Affectez de faire connoître en toutes rencontres, que les rapports ne sont pas de votre goût, & que vous les oubliez si-tôt qu'on vous les a faits.

Un homme sage n'écoute jamais des rapports, & par cette conduite il ferme la bouche à tous ceux qui lui en pourroient faire.

Une des premieres loix, non-seulement de l'amitié, mais encore de la société civile, est d'en bannir pour jamais toutes sortes de rapports.

Ne souffrez jamais à votre table, ni dans vos promenades, ni dans vos plaisirs, ceux qui se mêlent de faire

des rapports. Regardcz - les toujours
comme les ennemis déclarés de la fo-
ciété civile , & que l'on doit montrer
au doigt : en un mot comme des four-
bes fans honneur & fans probité.

Sur les devoirs de la confcience.

VOus ne fauriez être trop exacts ni
trop circonfpects fur tout ce qui
regarde la confcience.

Vous ne pouvez fuivre une meilleure
régle que celle de la confcience, mais
ne la corrompez pas, afin qu'elle s'ac-
commode à vos humeurs, à vos inclinations & à vos foibleffes.

Ne vous faites pas une confcience
trop délicate, ne vous en faites pas
auffi une qui ne la foit pas affez. La
prudence & le confeil doivent en cela
régler votre conduite.

Nous ne fommes pas tous appellés
au même genre de vie ; ainfi la confcience ne doit pas être la même à tout
le monde.

La confcience & l'honneur doivent

être la regle de toutes vos actions; l'intérêt ne doit entrer dans vos vues, qu'autant que l'équité & la droiture le peuvent permettre.

Quand vous aurez satisfait à tout ce qui regarde la conscience & l'honneur faites après ce que vous pourrez en faveur de vos parens & de vos amis, & vous n'en ferez jamais trop.

Sur ce qui a l'air de promptitude, de brusquerie & de colere.

LA douceur & l'honnêteté sont tellement du caractere des gens de qualité, qu'ils semblent être déchus de leur naissance & du rang qu'ils tiennent parmi nous, quand ils sont capables de s'abandonner à leur colere.

Si vous faites une correction avec aigreur, c'est comme si vous mettiez une liqueur précieuse dans un vase empoisonné.

Un homme colere, brusque & violent est un ennemi déclaré de la société civile, ou pour en parler plus juste,

c'est

c'est un séditieux qui en profane les plus saintes loix.

Ne vous laissez pas ainsi emporter par trop de promptitude, faites un fonds de sagesse contre tous les fâcheux incidens de la vie.

S'il vous arrive de vous laisser emporter à la colere, il est à souhaiter que l'on vous mette un miroir devant les yeux. Vous vous trouverez si difformes & si différens de ce que vous avez coutume d'être, que ce changement vous rendra plus modérés dans les occasions, & vous donnera une idée de cette passion, qui vous en guérira absolument.

Sur le jugement que l'on doit porter des paroles & des actions d'autrui.

SI vous voulez vous attirer l'estime & l'amitié de tout le monde, voyez tout ce qui se dit, sans faire de peine à personne.

Ne faites point les gens plus coupables qu'ils ne sont, & persuadez aux

H

autres autant que vous le pourrez, qu'il se dit & qu'il se fait bien des choses par imprudence, & sans que l'on porte ses vues plus loin.

N'empoisonnez ni les paroles ni les actions des autres, au contraire tournez-les toujours d'une maniere, qu'elles ne puissent nuire & préjudicier à personne. Rendez justice à tous ceux avec qui vous avez commerce, & telle que vous voudriez qu'on vous la rendît.

Entrez dans les intérêts & prenez le parti de tous les malheureux, qu'une fausse apparence & de trompeurs dehors, ou des rapports pleins d'injustice & de calomnie, exposent à la censure de cent esprits malfaits.

Soyez toujours fort retenus sur la conduite de ceux qui semblent faire trop ou trop peu de dépense.

Louez ce que vous croyez le mériter, & abstenez-vous de parler sur ce que vous pensez pouvoir être condamné.

Etudiez plus votre conduite que celle des autres. Examinez-vous sans vous faire grace, & ne vous pardonnez rien. Que toute votre sévérité tombe sur vous, & votre indulgence sur les autres.

Ne vous mettez pas ſur un pied à condamner légérement la conduite des femmes. Quand elles ne ſont ni joueuſes ni coquettes, tout le reſte eſt peu de choſe, & ne mérite pas que l'on y faſſe attention.

Sur les ſentiments que l'on doit avoir des grandeurs & des richeſſes, des pertes & des malheurs de la vie.

VOus ne ſerez point malheureux, quand vous ne croirez point l'être, parce que nos malheurs dépendent plus pour l'ordinaire de l'opinion que nous avons des choſes, que des choſes mêmes.

Il arrive aſſez ſouvent qu'on eſt malheureux dans l'opinion des hommes, quand on ne l'eſt point en effet. Lorſque vous ne ſerez malheureux que de cette ſorte, vous ne ſerez guere à plaindre, & dans mon ſens vous ferez plus d'envie que de pitié.

Quelque choſe qui vous arrive, vous ne devez pas vous croire malheureux,

ſi vos femmes ſont raiſonnables, & ſi
vos enfans ſe portent au bien.

Si vous n'avez point de fortune, ſup-
portez vos diſgraces en véritables Chrétiens, avec une fermeté capable de
faire honte à celle des Philoſophes.

Un eſprit bien fait & perſuadé des
vérités chrétiennes, juge des choſes
comme il le doit, & non ſur l'opinion
des hommes & ſur l'eſtime qu'ils en
font.

Tout le monde dit aſſez, que la
vie eſt pleine d'afflictions & de maux,
& que pour un homme riche & content, il y en a cent qui ne le ſont pas;
mais perſonne ne veut être du plus
grand nombre.

Ne regardez pas les pertes & les diſgraces comme des maux, mais comme des occaſions de donner toute votre attention à la providence de Dieu,
& de la donner avec reſpect & ſoumiſſion.

Faites-vous une agréable loi de vivre
dans l'état où Dieu vous a mis, &
n'ayez pas moins de ſoumiſſion à ſes
ordres dans ce qui regarde les avantages
de la naiſſance & de l'eſprit.

Sur la vraie & fauſſe dévotion.

APPRENEZ que la fauſſe dévotion conſiſte à vouloir paroître gens de bien ; & la vraie à vouloir l'être en effet.

Il ne ſuffit pas pour être gens de bien, que vous ne faſſiez point de mal, il faut de plus que vous pratiquiez le bien.

Faites le bien ſans penſer à ce qu'on en dira. Que les réflexions que les autres pourront faire n'entrent point dans vos vues. Faites le bien parce que vous l'aimez, & aimez le bien parce qu'il eſt aimable & que vous le devez aimer.

Si vous vous propoſez dans de certaines actions une fin honnête & chrétienne, & que vous n'en uſiez pas de même dans les autres, vous ferez dans la morale, ce que les faux Monnoyeurs font dans le commerce. Pour donner cours à une piece fauſſe , ils la couvrent d'une feuille d'or ou d'argent , & la marquent au coin du Prince.

Si vous êtes gens de bien, vous ferez toujours d'accord avec vous-mêmes ; ce que vous voudrez un jour vous le voudrez toujours ; toutes vos actions se feront à même fin ; vous ne vous cacherez & vous ne vous montrerez pas plus dans les unes que dans les autres ; ce sera toujours même zele, même prudence & même modeftie.

Si vous n'êtes gens de bien qu'en apparence , vous n'agirez pas toujours par un même principe ; vous ôterez souvent à vos emplois & à vos exercices le mérite qu'ils pourroient avoir, parce que vous ne serez jamais tout entiers ce que vous devriez être, je veux dire, que vous vous partagerez & diviferez vous-mêmes. Tout se combattra en vous, & tout s'y contredira ; vos dehors démentiront à toute heure ce que vous aurez dans le cœur, & vous ne ferez rien moins que ce que vous paroîtrez.

Une vie unie & toujours égale, marque un grand fond de piété. Ne faites jamais rien d'extraordinaire fans

conseil, mais il n'est point nécessaire
d'en prendre, pour faire extraordinai-
rement bien ce que vous avez coutume de faire, & ce que vous voyez
faire aux autres.

Il y a une grande différence entre
un homme de bien & un dévot. Celui-
là aime la vertu, travaille sans cesse à
l'acquérir, & en fait mille actes en secret; celui - ci ne cherche que les apparences de la vertu; ce qui se fait sans
éclat n'est pas à son gré, & il est content pourvu qu'il passe pour dévot.

Si vous êtes de faux dévots, vous
souhaiterez d'être considérés & hono-
rés par-tout; c'est là leur caractere.

Un homme de bien est toujours égal
& honnête à tout le monde; un faux
dévot est tantôt gai tantôt chagrin; il
s'offense de tout, & ne ménage personne.

Un homme de probité n'est point
difficile pour le boire & le manger, il
n'y a rien de trop bien apprêté pour le
dévot.

Rien ne préjudicie plus à la véritable
piété, que le faux zele & le métier
des dévots du siecle.

La différence que vous trouverez toujours entre le véritable & le faux dévot, est la même qui se trouve entre une beauté naturelle & une beauté fardée.

Sur l'avarice & ce qui a rapport à ce vice.

IL y a une fort grande différence entre un homme ménager & un avaricieux. L'un a de la conduite & sait user de son bien sans le dissiper, l'autre outre la régularité de sa conduite & ne sait pas se servir de ce qu'il a plu à Dieu de lui donner.

Ne soyez pas du nombre de ceux qui ont le cœur plus avare que les Juifs, qui se persuadent que l'attachement au bien est permis, & qu'ils peuvent en toutes rencontres chercher les moyens de s'enrichir.

Si vous êtes avares, vous serez toujours chagrins, toujours grondeurs, & toujours vieux avant le temps.

Si vous êtes avares, vous serez in-
supportables

ſupportables à vos femmes, à vos enfans, à vos domeſtiques, & ſouvent à vous-mêmes.

Si vous êtes avares, lorſqu'il vous faudra faire une dépenſe extraordinaire, vous ſerez huit jours à vous y réſoudre, & il vous en faudra une douzaine pour vous conſoler quand vous l'aurez faite.

Aimez à avoir de l'argent en maniement, & non pas à en amaſſer.

Quand vous aurez de l'argent dans vos coffres & que vous ne vous en ſervirez pas, vous n'en ſerez pas les maîtres ni les poſſeſſeurs, mais ſeulement les gardiens & les dépoſitaires.

Si vous êtes avares, vous n'aurez point d'autre vue que celle de l'intérêt, l'honneur & la gloire n'auront aucune part à vos deſſeins, vous ne les conſulterez jamais dans tout ce que vous entreprendrez, & vous croirez vous dérober tout ce que vous donnerez à vous-mêmes au delà du néceſſaire.

I

Sur la vanité & la vraie gloire.

PErfonne ne veut paſſer pour vain, c'eſt un défaut que l'on prend ſoin de ſe cacher à ſoi-même ; mais on ne ſe fait point une honte de paſſer pour fier, ou pour homme qui prétend qu'on le diſtingue, & qui croit bien mériter que l'on faſſe attention à ce qu'il eſt, & à ce qu'il vaut.

Il eſt aiſé de juger ſi un homme eſt vain ou s'il ne l'eſt pas. Quand on ne lui rend pas tous les honneurs qu'il penſe lui être dus, ſa fierté offenſée fait bien-tôt paroître ſa vanité, & l'une vient au ſecours de l'autre, pour donner une parfaite idée de celui qu'on veut connoître.

Vous pouvez être riches & conſidé‧rés par votre naiſſance ou par vos emplois, ſans être vains, comme vous pouvez être humiliés & pauvres, ſans être humbles.

La vanité eſt de tout pays ; il n'eſt point pour elle de terre étrangere. Elle a été & fera de tous les fiecles; elle fe trouve dans toutes fortes d'états, & elle fe trouvera encore à la fin du monde dans toutes fortes de profeffions. Il n'y a que la maniere d'être riches ou pauvres, qui vous rendra humbles ou vains.

L'humilité & la modeftie ne font point renfermées dans les Cloîtres ou dans les Solitudes; elles fe trouvent quelquefois dans les palais des Grands & au milieu de la Cour, & pour lors elles s'attirent d'autant plus d'eftime, qu'elles trouvent par-tout des obftacles, que tout les combat, & qu'elles triomphent de tout.

Soyez perfuadés que la véritable gloire confifte à méprifer la gloire, & à faire fon devoir avec honneur, fans en attendre des louanges ni des récompenfes. En effet, perfonne ne fe trouve fi plein d'honneur, & ne fait un fi bon ufage de fa gloire, que celui qui les méprife le plus.

Sur les railleries.

APPRENEZ qu'il y a peu de railleries qui ne soient offensantes, &
qu'il y en a peu par conséquent qui
n'ayent de fâcheuses suites.

De toutes les railleries, celles que
l'on peut faire des Princes & des Sou-
verains se doivent éviter avec plus de
soin.

Pour peu que vous ayez de prudence & de conduite, donnez - vous bien
de garde de railler des défauts de vos
parens ou de vos amis. Si vous en re-
marquez quelqu'un, défendez à vos
yeux de le voir, & à votre bouche
d'en parler.

On peut dire de celui qui entend
raillerie, que c'est un homme d'esprit,
& on doit dire le contraire de celui
qui la fait.

Si vous raillez avec esprit, vous vous
ferez des ennemis avec esprit; mais ils
n'en seront pas moins vos ennemis,
& vous ne donnerez pas moins à con-

noître que votre esprit est capable de quelque chose de meilleur.

Si vous vous donnez l'air de Railleurs & de Plaisans dans les Compagnies, on ne vous croira pas capables de secret ou d'affaires, on aura peur, & avec raison, que vous ne tourniez en plaisanterie tout ce qu'on pourroit vous dire de conséquence.

Sur l'aumône & la charité envers les pauvres.

L'Aumône est une bonne œuvres, on n'en peut disconvenir, mais il faut que vous la fassiez bien, si vous voulez qu'elle soit agréable à Dieu, & qu'elle vous soit utile.

Quand vous refuserez aux Pauvres ce qu'ils vous demanderont, vous vous ferez un grand tort à vous-mêmes.

Vous êtes donc obligés par justice & par intérêt à faire l'aumône ; par justice, parce que le bien temporel étant répandu par la main libérale de Dieu sur tous les hommes, les forts

doivent secourir les foibles, les sains
assister les malades, & les riches nour-
rir les pauvres. Par intérêt, afin que
vous receviez de Dieu les graces qu'il
a mises entre les mains des pauvres,
& que par ce moyen vous travailliez
à faire votre salut, qui est souvent at-
taché à ces œuvres de miséricorde.

La joie & la promptitude avec les-
quelles vous ferez l'aumône, en aug-
menteront le prix, & lui donneront
un mérite dont Dieu seul sera le Juge.

Soyez persuadés que vous ne pouvez être gens de bien, si vous ne faites l'aumône, parce que l'aumône est
essentielle à la vertu. Plus vous aurez
de piété, plus vous donnerez de secours aux pauvres ; plus vous vous distinguerez par votre conduite chrétienne, plus vous vous distinguerez par
vos aumônes.

Il est glorieux à des gens de qualité
de préférer le soin des pauvres à celui
de leur grandeur & de leurs plaisirs.

*Sur la Sincérité dans les paroles, &
fur la maniere dont il faut favoir fe
taire ou parler.*

NE parlez jamais contre la vérité,
mais vous pouvez quelquefois
ne la pas faire connoître. Vous devez
même en quelques rencontres en faire
un fecret, comme d'une chofe que
vous n'êtes pas obligés de révéler.
Dans ces occafions on peut taire la
vérité, & ne la pas publier, mais il
n'y en a point où on la puiffe déguifer & mentir.

La fincérité a toujours été eftimée
de tout le monde ; elle a toujours été
regardée comme le partage & le caractere d'un honnête homme.

La fincérité eft toujours louable,
mais elle doit être toujours accompagnée de beaucoup de prudence & de
circonfpection.

Un filence prudent & difcret vous
fera toujours plus utile, que la fincérité
la plus adroite & la plus fpirituelle. On

I 4

s'eſt ſouvent repenti d'avoir parlé, mais on ne s'eſt jamais repenti de s'être tu.

Ne vous faites pas honneur d'être remarqués dans une compagnie pour ceux qui y parlent le plus. Au contraire, faites-vous un plaiſir de n'y parler que quand vous le devez.

Quand vous ſaurez vous taire, vous mériterez plus de louanges, que ſi vous diſiez les plus belles choſes du monde, & même que ſi vous les diſiez d'une maniere à beaucoup plaire.

Vous pouvez toujours dire ce que vous aurez tu, mais vous ne pouvez taire ce que vous aurez dit.

La raiſon doit gouverner la langue & en régler tous les mouvemens, de la même maniere qu'une main habile & qu'une bonne oreille rendent un inſtrument de muſique mélodieux & agréable quand il le faut.

Vous ne parlerez jamais aſſez, quand vous parlerez bien, comme vous parlerez toujours trop quand vous parlerez mal.

Sur la médisance.

JE ne saurois vous donner assez d'horreur de la médisance. C'est à mon gré le plus infame de tous les vices. Il est d'autant plus à craindre, que quiconque y est sujet, donne souvent un coup mortel à un homme, qui ne connoît pas la main qui le tue; & pour vous en donner une véritable idée, je puis vous assurer que tous les médisans sont des lâches, des traîtres & des assassins.

N'écoutez jamais mal parler de personne; faites connoître que vos oreilles sont toujours ouvertes pour tout ce que l'on vous peut dire de bon des autres, & fermées pour ce que l'on vous peut dire à leur désavantage.

Ce n'est pas assez que vous ne soyez pas auteurs d'une médisance, il faut de plus que vous n'en soyez pas les complices. Je veux dire que ce n'est pas assez pour vous que vous ne l'ayez point inventée, il faut encore

que vous ne la débitiez, & ne la ré-
pandiez pas.

Quand on les débite & les publie,
on fait pour le moins autant de préjudice à ceux de qui les médifances font
faites, que les auteurs de ces médifances qui les ont forgées & inventées.

Votre confcience & l'honneur vous
donneront toujours des fentiments conformes à ce que je vous dis ici ; pour
peu que vous les confultiez, vous con-
cevrez de l'horreur pour ce vice, &
vous fuirez la compagnie de ceux qui
y font fujets.

PORTE-FEUILLE

DE

MILORD KINT,

TRADUIT

DE L'ANGLOIS EN FRANÇOIS,

Par Mademoiselle DE LOS-RIOS,

EN FAVEUR DES PETITS ENFANS.

1770.

PORTE-FEUILLE

D U

MILORD KINT.

CELUI qui voudra prêter l'oreille à ces Sentences & y réfléchir, fera bien des actions dignes de l'homme, & fera affranchi de bien des défauts.

I.

LA perfection de l'ame corrige bien les défauts du corps, mais les forces du corps ne fauroient rendre l'ame meilleure, fi la raifon ne fe joint à elles.

II.

QUICONQUE cherche les biens de

l'ame , recherche quelque chofe de divin ; mais celui qui ne s'attache qu'aux biens du corps , n'a pour objet que des avantages humains.

III.

IL faut, s'il eft poffible , arrêter celui qui veut faire quelque mal ; mais fi cela ne fe peut , du moins ne faut-il pas être le complice de fon crime.

IV.

IL vaut mieux être bon que de le paroître.

V.

CE n'eft ni dans le corps ni dans les richeffes que confifte le bonheur des hommes , mais dans la droiture , & dans la juftice.

VI.

CE n'eft pas la crainte , mais l'amour du devoir , qui doit nous empêcher de mal faire.

VII.

C'EST beaucoup de connoître dans l'adverſité ce qui nous convient le mieux.

VIII.

LE repentir du crime eſt le ſalut de la vie.

IX.

IL faut être véridique & non cau‑ ſeur.

X.

CELUI qui fait injure eſt plus mal‑ heureux que celui qui la reçoit.

XI.

IL eſt de la grandeur d'ame de ſup‑ porter avec douceur les fautes qui ſe commettent.

XII.

IL eſt beau de ſavoir céder à la loi, au Prince, & à un plus ſage que ſoi.

XIII.

L'Homme de bien méprise les fausses imputations des gens du néant.

XIV.

Il nous est bien dur d'être gouvernés par un homme d'un mérite inférieur au nôtre.

XV.

Celui qui peut être facilement vaincu par l'argent, ne sauroit être juste.

XVI.

L'éloquence persuade souvent mieux que l'or.

XVII.

C'est perdre sa peine que de vouloir donner des conseils à celui qui se croit une prudence consommée.

XVIII.

Il y en a beaucoup qui sans avoir cultivé la raison, vivent cependant selon les loix.

XIX.

XIX.

IL y en a plusieurs dont les actions font infâmes, tandis que leurs discours font des plus honnêtes.

XX.

LES Personnes de peu de sens acquierent de la sagesse, lorsqu'elles luttent contre l'adversité.

XXI.

IL ne faut pas seulement être vertueux dans ses discours, mais aussi dans ses actions.

XXII.

LES Hommes dont le penchant tend naturellement au bien, le connoissent & s'y appliquent avec ardeur.

XXIII.

LA force du corps fait la bonté intrinseque des bêtes de somme ; & la probité des mœurs fait la nôtre.

K

XXIV.

ON n'apprend les arts & les fcien-
ces que par la voie de l'inftruction.

XXV.

IL vaut mieux reprendre fes défauts
que ceux d'autrui.

XXVI.

CEUX dont le caractere eft bien réglé, menent une vie qui y eft conforme.

XXVII.

IL ne fuffit pas de ne faire aucun
mal à autrui, mais il faut encore s'abf-
tenir de la volonté d'en faire.

XXVIII.

IL faut louer les actions vertueufes,
mais il eft d'un trompeur & d'un im-
pofteur de dire du bien de celles qui
ne le font pas.

XXIX.

IL y en a beaucoup qui ont de l'érudition, mais sans jugement.

XXX.

IL vaut mieux acquérir un fond de sagesse qu'une vaste érudition.

XXXI.

IL vaut mieux que la réflexion précede les actions, que si elles étoient suivies par le repentir.

XXXII.

NE vous fiez pas à tout le monde, que ce soit seulement à ceux que vous avez éprouvé. Se fier à tout le monde c'est folie, la prudence examine avant de se livrer.

XXXIII.

CE n'est pas seulement par les actions, mais aussi par les desseins, qu'on discerne l'homme de bien d'avec celui qui ne l'est pas.

XXXIV.

IL n'eſt pardonnable tout-au-plus qu'à un jeune homme, & non pas à un homme fait, de ſe laiſſer entraîner par la violence de ſes déſirs.

XXXV.

LES plaiſirs démeſurés enfantent des douleurs.

XXXVI.

LE déſir trop violent d'un objet aveugle auſſi l'ame ſur d'autres choſes.

XXXVII.

L'AMOUR légitime conſiſte à déſirer des choſes honnêtes, ſans le préjudice de qui que ce ſoit.

XXXVIII.

NE regardez comme agréable que ce qui eſt en même temps utile.

XXXIX.

IL vaut mieux que les imprudens obéiſſent que s'ils commandoient.

X L.

CE n'eſt pas la raiſon qui inſtruit les imprudens, mais les pertes qu'ils font.

X L I.

L'HONNEUR & les richeſſes ſont des avantages bien peu ſûrs ſans la prudence.

X L I I.

IL n'eſt pas inutile d'acquérir des richeſſes ; mais il n'y a rien de plus pernicieux que de les acquérir par des voies injuſtes.

X L I I I.

C'EST un grand mal d'imiter les méchants, & de mépriſer les gens de bien.

X L I V.

IL eſt honteux d'ignorer ce qui nous regarde nous-mêmes, & de ſe mêler des affaires d'autrui.

XLV.

UN renvoi continuel rend les ouvrages imparfaits.

XLVI.

CEUX qui promettent beaucoup & ne tiennent rien, font des trompeurs, & ne font bons qu'en apparence.

XLVII.

HEUREUX celui qui a du bien & du jugement, dans l'occafion il faura s'en fervir avec honneur.

XLVIII.

CE qui nous fait fouvent commettre des fautes, c'eft l'ignorance où nous fommes fur ce qui nous convient le mieux.

XLIX.

CELUI qui fait des chofes honteufes, devroit commencer par avoir honte de foi-même.

L.

Un homme qui se plaît à la contra-
diction & qui a trop bonne opinion
de soi , n'est pas propre à apprendre
les choses qui lui seroient convenables.

LI.

C'est une espece d'avarice que de
vouloir toujours parler , & ne jamais
écouter.

LII.

Suivez de l'œil le méchant , de
peur qu'il ne saisisse l'occasion de faire
du mal.

LIII.

L'envieux se fait du mal comme
à un ennemi.

LIV.

On doit regarder comme un ennemi , non seulement celui qui fait une
injustice, mais même celui qui la con-
seille.

L V.

LES inimitiés des parents sont plus sensibles que celles des étrangers.

L V I.

NE soyez pas soupçonneux, mais prenez un air affable, & montrez que vous ne craignez pas d'être trompé.

L V I I.

IL faut recevoir les bienfaits de façon qu'avant de les avoir reçus, on ait déjà pensé comment en rendre de plus considérables.

L V I I I.

PRENEZ garde à celui à qui vous ferez du bien, de peur que s'il est de mauvaise foi, il ne vous rende le mal pour le bien.

L I X.

DES bienfaits, quoique peu considérables, mais placés à temps, sont d'une grande importance pour ceux qui les reçoivent.

LX.

L X.

LES honneurs peuvent beaucoup sur les personnes sages, qui s'apperçoivent de l'estime dont on les favorise.

L X I.

CE n'est pas celui qui regarde à la récompense qui est bienfaisant, mais celui qui fait du bien sans en rien attendre.

L X I I.

PLUSIEURS paroissent amis qui ne le sont pas, plusieurs le sont sans qu'ils le paroissent.

L X I I I.

L'AMITIÉ d'un seul homme prudent vaut mieux que celle d'une troupe d'insensés.

L X I V.

IL ne sert de rien de vivre, à celui qui ne trouve aucun ami à son gré.

L

LXV.

PLUSIEURS dédaignent leurs amis, lorsque d'une fortune éclatante ils tombent dans la pauvreté.

LXVI.

L'ÉGALITÉ est bonne en toutes choses, mais ce qui reste eu deça, ou qui va au delà des bornes, ne me paroît pas digne d'approbation.

LXVII.

JE ne crois pas que celui qui n'aime personne, soit aimé de quelqu'un.

LXVIII.

UN vieillard de bonne humeur & causeur, est agréable en compagnie.

LXIX.

LA beauté du corps, sans celle que lui donne l'ame, n'est un ornement que pour les animaux.

LXX.

IL est bien facile de trouver un ami

dans la profpérité, mais dans l'adverfité rien n'eft fi difficile.

LXXI.

TOUS vos parens ne font pas de vos amis, ne regardez comme tels que ceux qui s'accordent à vous procurer des avantages.

LXXII.

ETANT hommes, il eft plus digne de nous de gémir fur les calamités humaines que de nous en moquer.

LXXIII.

A peine ceux qui cherchent le bien le trouvent-ils, le mal fe préfente fans qu'on le cherche.

LXXIV.

CEUX qui critiquent continuellement ne font pas propres à l'amitié.

LXXV.

QUE les femmes n'exercent pas l'art oratoire ; ce feroit une chofe trop dangereufe.

LXXVI.

C'EST une honte, & la derniere des lâchetés, de se laisser gouverner par une femme.

LXXVII.

IL n'appartient qu'aux ames privilé- giées de raisonner toujours juste.

LXXVIII.

CELUI qui croit que Dieu voit tout, ne péchera ni à découvert ni en cachette.

LXXIX.

C'EST faire du mal aux petits esprits que de leur donner des louanges.

LXXX.

IL vaut mieux être loué par d'au- tres que par soi-même.

LXXXI.

SI vous ne vous reconnoissez pas aux louanges qu'on vous donne, croyez qu'on vous flatte en vous en donnant.

LXXXII.

Le monde est un théâtre, la vie un passage ; on paroît, on voit, on s'en va.

LXXXIII.

Le monde est un changement, & la vie une vicissitude.

FIN.

LIX

[illegible]

PROPOSITIONS

GÉNÉRALES
ET CHRÉTIENNES,

TRÉS-UTILES
A LA JEUNESSE.

1770.

PROPOSITIONS

GÉNÉRALES

ET CHRÉTIENNES.

LA naiſſance que nous recevons dans le Baptême, & qui nous fait Chrétiens, nous éleve bien au-deſſus de tout ce que nous ſommes, & par la nature & par la fortune.

1. La priere a pour fin l'accompliſſement de la Loi : ainſi, celui qui s'acquitte de quelque devoir preſcrit par la Loi, fait quelque choſe de plus agréable à Dieu que de prier.

2. Le culte ſans morale fait des hypocrites, ou des ſuperſtitieux. La mo-

rale fans culte fait des Philofophes &
des fages mondains. Pour être Chrétien, il faut joindre enfemble ces deux
chofes.

3. Les Grands vivent prefque toujours fans réflexion : cependant ils font
plus obligés que les autres, de rentrer
fouvent en eux-mêmes, pour fe dire de
certaines vérités qu'ils ne doivent pas
efpérer apprendre d'ailleurs.

4. Il y a une fingularité vicieufe
qu'infpire l'orgueil, & c'eft ce que le
Fils de Dieu condamne fi fouvent dans
les Pharifiens : mais il y a une fingularité évangélique, qui s'oppofe au torrent du fiecle, qui en condamne l'u-
fage ; & c'eft le véritable caractere
qui diftingue les juftes des mondains
& des pécheurs.

5. Quand les Grands, donnent lieu
de croire qu'ils veulent être flatés, ils
empêchent qu'on ne leur découvre des

vérités qui pourroient les inftruire, l'ignorance, dans laquelle ils vivent, eft en quelque façon volontaire, & ne les exempte point de péché.

⁂

6. Rien n'eft plus capable de rendre un bon confeil, non - feulement mais même préjudiciable, que de l'accompagner d'un mauvais exemple.

⁂

7. Il n'y auroit aucune incertitude dans la morale chrétienne, fi les hommes, qui conviennent prefque toujours des regles générales & des principes, en tiroient les conféquences fans confulter leurs paffions.

⁂

8. La charité fanctifie les actions les plus communes, & l'orgueil corrompt les plus fublimes vertus.

⁂

9. Les gens de bien, par leurs bons exemples, corrigent fouvent les defauts des autres fans les reprendre : &

ceux qui ne le font pas, reprennent fouvent les défauts des autres fans les corriger.

10. La Foi nous fait regarder comme des biens; ce que le monde regarde comme des maux; & comme des maux ce que le monde appelle des biens: & c'eft de la différence de ces idées, que naît la différente conduite des juftes & des pécheurs.

11. Nous fommes fans ceffe occupés d'un avenir incertain, qui fouvent ne nous regarde pas; & nous ne penfons point à celui qui ne peut manquer d'arriver, & d'où dépend notre bonheur, ou malheur éternel.

12. Quand nous négligeons notre falut, ce n'eft point la charité qui fait travailler à celui des autres.

13. Ce qui nous empêche d'exécuter nos bons deffeins, c'eft que nous

ne penfons qu'à notre foibleffe, & que nous ne faifons pas réflexion qu'il eft auffi aifé à Dieu de nous faire faire de faintes actions, que de nous infpirer de faints défirs.

***

14. Il n'y a point de moment où nous ne puiffions mériter un bonheur éternel : le temps eft donc une chofe fi précieufe, que le monde n'a rien d'un affez grand prix pour nous payer celui que nous lui donnons.

***

15. Il n'y a point de créature qui ne devienne le fupplice du cœur qui cherche fon repos en elle.

***

16. Les amufemens frivoles du fiecle ne nous ôtent pas moins le goût & le difcernement des vrais biens, que les paffions les plus criminelles.

***

17. L'ufage ne peut jamais fervir d'excufe & de prétexte pour pécher ;

comme c'eſt le monde qui l'établit, il doit toujours être ſuſpect aux Chrétiens, qui ont fait ſerment dans leur baptême de renoncer au monde & à ſes maximes.

18. L'incrédulité de l'eſprit vient preſque toujours de la corruption du cœur. On ne peut ſe réſoudre à croire ce qui fait violence à la nature. On veut conſerver ſes paſſions, & ſe défaire de ſes remords.

19. Nous avons une défiance timide de la Providence de Dieu dans les affaires temporelles : & pour l'affaire du ſalut, nous avons une confiance téméraire en ſa miſéricorde.

20. Les habitudes dans la vieilleſſe ne ſont pas de moindres obſtacles pour le ſalut, que les paſſions dans la jeuneſſe.

21. On corrige plutôt les défauts

des autres, en les souffrant avec pa-
tience, qu'en les reprenant avec orgueil.

22. On établit souvent des maximes
séveres par superbe : on aime à se pa-
rer de cette apparence de vertu , & il
ne coûte rien de rendre insupportable
pour les autres un joug que l'on ne
veut pas s'imposer à soi-même.

23. Les sentiments d'humilité que
nous faisons paroître par nos paroles,
ne font pas sinceres , si nous sommes
fâchés de persuader les autres de ce
que nous disons de nous-mêmes.

24. Nous ne pourrions souffrir que
les autres prissent autant de soin de
nous fuir , que nous en prenons de
nous fuir nous-mêmes en nous répan-
dant au dehors.

25. On prend aisément en général

la réfolution de fe corriger : on jouit
avec plaifir de l'idée de la vertu ; mais
fi-tôt qu'il fe préfente quelque paffion
à combattre , cette réfolution s'affoiblit , & l'on ne fe fent plus capable
d'exécuter un deffein que l'on avoit
formé fans peine , mais que l'on ne
peut exécuter fans fe faire violence.

26. S'il fuffifoit pour être fauvé de
fe confeffer à l'heure de la mort, il ne
feroit pas vrai que la voie du falut fût
fi étroite , & qu'il y eût fi peu d'Elus.

27. Le torrent du fiecle ne manque-
ra pas de nous entraîner du côté du
vice , fi nous ne faifons de continuels
efforts pour nous avancer dans le chemin de la vertu.

27. Si l'on fe faifoit une idée de
l'Evangile fur la vie de la plupart des
Chrétiens , on le croiroit plein de maximes directement contraires à celles
que Jefus-Chrift a établies.

29.

29. Nous prenons souvent le repentir qui naît de notre inconstance, ou
du malheureux succès de nos passions,
pour le remords d'une véritable pénitence.

30. Quand le dégoût que nous avons
pour le monde n'est pas un effet de la
grace, mais de l'orgueil & de l'amour
propre, il nous ramene bien à nous-
mêmes, mais il ne nous conduit point
à Dieu.

31. Il est autant impossible à l'ame
de se soutenir dans la grace sans la priere, qu'il l'est au corps de subsister sans
nourriture.

32. Tout ce qui passe avec le temps
est court, & ne mérite point d'attirer
l'attention d'une ame qui marche sans
cesse vers l'éternité.

33. Il n'y a point d'état plus déplo-
M

rable que celui d'un pécheur qui ne
trouve point d'obstacle à ses désirs, &
que Dieu abandonne à la merci de ses
passions.

34. Les chaînes qui nous lioient aux
créatures sont souvent rompues , &
nous demeurons encore attachés à la
terre par notre propre poids. Cet obstacle qui s'oppose à notre salut , &
qui subsiste dans les différents âges de
la vie , n'est pas moins difficile à vaincre que les autres.

35. Il est difficile de vaincre ses passions, mais il est impossible de les satisfaire.

36. La vengeance procede toujours
de la foiblesse de l'ame , qui n'est pas
capable de supporter les injures.

37. Les hommes se plaignent de
leurs peines, & ne se repentent point
des péchés qui les attirent.

38. Les omissions des devoirs de Chrétien, & de ceux de la condition où l'on se trouve, sont des péchés souvent imperceptibles aux personnes mêmes qui les commettent: cependant l'Evangile condamne le serviteur inutile aux mêmes peines que le rebelle.

39. Nous ne haïssons pas assez fortement le péché, si cette haine ne nous fait éviter avec soin les occasions qui nous ont été des pieges.

40. On ne résiste point à la volonté de Dieu, elle s'accomplit toujours en nous, ou par notre obéissance, si nous nous révoltons contre elle.

41. Les projets que nous faisons de nous convertir un jour, ne servent le plus souvent qu'à étouffer les remords présents. On se repose sur les desseins chimériques que l'on n'exécute jamais, & par là on se dérobe la vue de ses crimes, ou l'on croit en quelque façon les réparer.

42. Toutes les différences que l'o-
pinion met entre les hommes, font
fauffes & trompeufes ; il n'y a que la
grace qui les diftingue ; on n'eft véritablement que ce qu'on eft aux yeux
de Dieu.

43. Il faut refpecter ceux qui nous
perfécutent, & les regarder comme les
exécuteurs de la juftice de Dieu qui
nous châtie.

44. Si les Fideles qui s'affemblent
dans les Eglifes pour prier, fe regar-
doient comme des coupables qui vien-
nent implorer la miféricorde de leur
Juge, leurs prieres feroient plus humbles & plus ferventes.

45. L'amour que Dieu demande de
nous, n'eft pas un amour fenfible ;
mais un amour de préférence, qui
nous engage à facrifier toutes chofes
plutôt que de lui déplaire.

46. Si dans tous nos desseins nous ne pensions qu'à plaire à Dieu & à faire sa volonté, quelque succès qu'ils pussent avoir, nous serions toujours contents.

47. La vertu des Payens les a portés quelquefois à mépriser le monde ; mais il n'y a que la vertu Chrétienne qui puisse faire désirer d'en être méprisé.

48. Toutes les vertus éclatantes nous doivent toujours être suspectes : il n'y a que l'amour de l'humiliation dont le démon ne peut jamais nous faire un piege.

49. Un cœur élevé par la grace ne trouve rien dans le monde qui ne soit au-dessous de lui.

50. Si nous considérions que les ver-

tus qui s'acquierent avec tant de peine,
se perdent quelquefois en un moment
dans le commerce du monde ; bien
loin de le chercher & de nous y plaire,
nous le fuïrions comme un ennemi qui
ne pense qu'à nous enlever nos plus
précieux trésors.

51. Il se mêle ordinairement dans
les conversations les plus saintes, un
certain levain d'orgueil & de vanité qui
en empêche tout le fruit.

52. Les bons desseins que nous for-
mons & que nous n'exécutons pas, ne
servent qu'à nous rendre coupables,
& qu'à mettre de nouveaux obstacles
à notre salut.

53. Il n'y a que la tristesse de la pénitence qui soit une tristesse raisonna-
ble ; toutes les autres sont des marques ou de la foiblesse, ou de la corruption de la nature.

54. Le défir est la priere du cœur; Dieu, qui connoît nos defirs, entend toujours, & exauce souvent cette priere.

55. Il est juste que celui qui ne fuit pas les occafions de pécher, & qui s'expose témérairement au péril, soit puni de sa préfomption par sa chûte.

56. Il est plus aifé de se féparer du commerce du monde, que de vivre dans le monde avec auffi peu d'attachement que si l'on en étoit féparé : cependant l'un ou l'autre est néceffaire pour se sauver.

57. Dieu, qui nous promet de ne nous pas abandonner dans la tribulation, ne nous fait pas efpérer la même grace dans la profpérité.

58. La véritable gloire d'un Chrétien ne consiste pas à s'élever au-dessus des autres, mais à s'abaisser pour se rendre plus conforme à Jesus-Christ.

59. La tranquillité du pécheur au milieu de ses crimes, est une léthargie spirituelle.

60. Le mérite de nos souffrances est bien d'un plus grand prix devant Dieu, que celui de nos actions.

61. La pénitence ne punit pas assez sévérement le pécheur, si elle n'imite la colere de Dieu, & ne prend la place de sa justice.

62. Un plaisir dont on est assuré de se repentir, ne peut jamais être tranquille.

63. Le recueillement eſt une eſpece de ſolitude, où il faut ſouvent ſe retirer au milieu des converſations profanes du ſiecle, pour n'être point infecté de l'air contagieux que l'on y reſpire.

64. C'eſt moins en faiſant de grandes choſes, qu'en s'acquittant fidellement des plus petites, que l'on devient ſaint.

65. Pour juger du trouble & de l'inquiétude des pécheurs, il ne faut que les conſulter eux-mêmes au milieu de tous leurs plaiſirs. Ils ont la bonne foi d'avouer qu'ils ne peuvent parvenir à ſe rendre heureux.

66. Nous voulons que Dieu nous écoute dans nos prieres, & nous ne nous écoutons pas nous-mêmes.

N

67. Dieu punit souvent les désirs déréglés du cœur, par les ténebres de l'esprit.

68. L'hypocrisie est une espece de sacrilege, qui fait servir au crime les apparences de la vertu.

69. Dans le commerce le plus innocent entre des personnes de différent sexe : il y a toujours une espece de sensualité spirituelle qui affoiblit la vertu, si elle ne la détruit pas entiérement.

70. Etre sévere pour soi, & indulgent envers les autres, est le véritable caractere du Chrétien.

71. La prudence est lâche & timide, si elle n'est animée par le zele de la charité ; & le zele indiscret, s'il n'est réglé & conduit par la prudence.

72. Une ame, qui par la priere, entre souvent en commerce avec Dieu, se dégoûte aisément du commerce du monde.

73. Le Juste s'aime véritablement ; puisqu'il se procure le plus grand de tous les biens. Celui qui aime l'iniquité perd son ame, & se hait soi-même.

74. L'orgueil est la source de toutes nos agitations & de tous nos troubles : il n'y a que l'humilité qui puisse procurer à l'ame une véritable & solide paix.

75. Il faut nous séparer du monde, & en quelque façon de nous-mêmes, pour écouter Dieu dans la retraite : le tumulte du siecle & celui des passions, nous empêchent souvent de l'entendre.

76. La négligence dans les petites

choſes eſt toujours une eſpece d'infidé-
lité, qui eſt ſouvent punie par de grandes chûtes.

***

77. Quand nous nous affligeons de
nos fautes, ſans nous en corriger ; c'eſt
une marque que cette triſteſſe ne procede point de la grace , mais de l'orgueil & de l'amour-propre.

***

78. Comment peut-on eſpérer de
trouver Dieu au moment de ſa mort,
ſi on ne l'a jamais cherché pendant ſa
vie.

***

79. Si les eſpérances que nous for-
mons pour notre ſalut, ne ſont pas
fondées ſur la parole de Dieu , elles
ſont fauſſes & trompeuſes : en vain
nous nous promettons à nous-mêmes
ce que Dieu ne nous promet pas.

***

80. L'amour de Dieu n'exclut point
la crainte de ſes jugemens : plus on

l'aime, & plus on craint d'être à jamais séparé de lui.

❀❀❀

81. Si les libertins, qui ne veulent croire que ce qu'ils peuvent comprendre, ne conviennent point de leur extravagance & de leur folie ; qu'ils sentent au moins leur présomption & leur témérité.

❀❀❀

82. Dieu nous a caché le moment de notre mort, pour nous obliger d'avoir attention à tous les moments de notre vie.

❀❀❀

83. Les désirs qu'inspirent les passions sont des envies de malade, que l'on ne peut satisfaire sans se nuire & sans se rendre malheureux.

❀❀❀

84. A mesure que l'on avance dans la vertu, on perd le goût des plaisirs du monde ; comme à mesure que l'on avance en âge, on méprise les amusements de l'enfance. -

85. L'ame du paresseux ressemble à une terre qu'on ne cultive pas : elle ne produit que des ronces & des chardons.

86. Dieu humilie souvent par le péché ceux qui ne se sont pas humiliés par la grace.

87. Quand on ne veut que ce que Dieu veut , on participe en quelque façon à son immutabilité.

88. Il y a des actions de piété qui paroissent méprisables aux yeux des hommes , & qui sont d'un grand prix devant Dieu.

89. Nous demandons souvent à Dieu des choses que nous devons craindre d'obtenir.

90. Comment peut-on avoir la paix avec foi-même, quand on eft en guerre avec Dieu.

91. Puifqu'il y a une voie qui paroît droite à l'homme , & qui conduit à la mort ; quelle doit être notre atten-tion pour ne pas marcher dans cette voie , où l'on s'égare infailliblement fans le favoir.

92. Que l'on cache des vérités par la crainte de déplaire ! Le filence de la flatterie n'eft pas moins criminel que fon langage.

93. Il ne fuffit pas de s'acquitter des devoirs communs à tous les Chrétiens , il faut encore remplir ceux de fa pro-feffion & de fon état.

94. Il eft difficile d'accomplir tous

les préceptes, si notre zele ne nous porte quelquefois jusqu'à la pratique des conseils.

✿✿✿

95. Tout ce que l'on souffre, on le souffre justement ; ainsi l'on ne peut jamais se plaindre sans injustice.

✿✿✿

96. Il faut profiter de la chûte des Justes, aussi-bien que de leurs bons exemples.

✿✿✿

97. Il n'y a que ceux à qui Dieu parle dans le fond du cœur, qui puissent connoître toute l'étendue de leurs obligations.

✿✿✿

98. Il faut tout espérer de Dieu, quand on a sincérement recours à lui, quelqu'indigne que l'on soit de ses graces.

✿✿✿

99. Il y a des justes que Dieu retient dans le commerce du monde, pour éclairer & pour condamner les pécheurs.

F I N.